ALAIN DECAUX

de l'Académie française

MONACO
ET SES PRINCES

SEPT SIÈCLES D'HISTOIRE

PERRIN

AVERTISSEMENT

Les notes liées à la compréhension du texte sont appelées par un astérisque dans la page. Les notes numérotées, liées le plus souvent à des références bibliographiques, sont renvoyées en fin d'ouvrage, page 140.

ISBN : 2-262-01171-0

Dépôt légal 1996
Imprimé en Italie

À la mémoire
du Prince Pierre de Monaco

I

Dans la nuit, un moine...

De quoi a-t-il l'air, au cours de la nuit du 8 au 9 janvier 1297, ce moine engagé sur le sentier pentu par lequel on accède à la forteresse qui domine le rocher de Monaco?

Sa tenue? Nous pouvons sans trop de risques parier pour un capuchon et une robe de bure. Mais pour le reste? Est-il grand, petit, corpulent, maigre? Aucun document, aucun texte ne nous répondent. Nous ne connaissons même pas son âge, à peine un surnom : Francesco *Malizia*, en français François la Malice. D'évidence, ce sobriquet correspond à une réalité.

Malizia touche au but. Le voici face à ce plateau quasiment horizontal — six cents mètres de long et cent mètres de large — qui s'étend là, à une altitude de soixante à soixante-dix mètres au-dessus de la Méditerranée. En contrebas, la mer bat le pied de la falaise abrupte qui plonge en pleine eau. Ce bruit seul trouble la nuit. Le moine s'élève vers la masse sombre qui se dessine au-dessus de lui. Plus il progresse et plus celle-ci se précise : quatre tours sur lesquelles prend appui une enceinte épaisse et solide. A la poterne, aucun poste apparent. Il frappe.

On met du temps à venir : nul doute que ces coups intempestifs ont surpris une garde ensommeillée. La porte s'entrouvre, quelqu'un s'enquiert : Qui est là? Que veut-on?

La réponse est donnée aussitôt : un pauvre moine demande asile pour la nuit. Il a parcouru une longue route, il est las, qu'on ne lui refuse pas l'hospitalité. L'huis s'ouvre plus largement. Il entre.

L'unique chronique par laquelle nous connaissons l'épisode rapporte la suite en peu de lignes. Les quelques hommes de garde n'ont prêté aucune attention au fait que le moine portait de solides chaussures alors que, selon ses vœux monastiques, il aurait dû être nu-pieds. Ils n'ont pas le temps de regretter leur négligence. Le moine a déjà tiré son épée de dessous sa robe. En quelques instants, la garde est mise hors de combat. Le moine s'élance vers la porte, l'ouvre toute grande. A son appel, accourent ceux qu'il avait postés le long des murailles. Derrière leur chef, ils s'engouffrent dans le château. Avant l'aube, Malizia se sera emparé de la forteresse de Monaco.

Une précision : son vrai nom est Grimaldi.

Vestiges de l'une des plus anciennes fortifications du Rocher de Monaco.

Un moine brandissant une épée figure sur le blason des Grimaldi de Monaco depuis le XVe siècle. (Détail des armoiries du prince Louis Ier, XVIIe siècle).

Le soleil de Monaco

Armoiries officielles de S.A.S. le Prince Rainier III de Monaco.

Au moment où j'écris, personne à Monaco ne voudrait mettre cette ruse en doute. Ne se trouve-t-elle pas à l'origine même de l'histoire de la principauté ? Sur le blason des Grimaldi, deux moines brandissent chacun une épée. Au reste, l'anecdote serait-elle fausse que nous devrions la considérer à la façon de la plupart des reliques conservées dans les hauts lieux de la chrétienté : elles ne tiennent pas leur valeur d'une réalité souvent douteuse mais de la vénération dont, au long des siècles, les ont entourées les fidèles.

Qui nous empêcherait d'imaginer Malizia s'éveillant le lendemain dans le château qu'il vient de conquérir de si haute lutte et, grimpé au sommet de la tour principale, cherchant à découvrir les entours de ce que l'on n'appellera plus autrement que le Rocher ? Dans l'or rouge du soleil qui, du côté de Menton, surgit de la mer, éclate la splendeur d'un paysage qui nous émeut toujours mais auquel il n'est pas sûr que ce Grimaldi ait été sensible. Tournant le dos à la Méditerranée, il lève la tête vers cette barrière montagneuse, ultime aboutissement des Alpes, qui représente, entre Nice et Menton, la plus forte protection qui puisse exister. Si ses pas le conduisent du côté qui surplombe le port, c'est le sommet le plus élevé, le mont Agel (1 100 mètres), qu'il aperçoit. Suivant la ligne des cimes qui s'inclinent doucement vers la mer, son regard glisse, au premier plan, vers le cap Martin et, très loin, vers la ligne imprécise d'un autre cap, celui de Bordighera.

Si Malizia fait volte-face pour regarder du côté de Nice, il trouve à sa droite un point culminant que l'on appelle la Tête-de-Chien (556 mètres) parce que les braves gens, ignorant la véritable origine de ce mot (la tête du camp), ont toujours cru y lire un profil canin. Vers la mer, il voit devant lui le cap Ferrat et, proche de l'horizon, une pointe avancée : l'Estérel.

Quand Malizia descend de sa tour, il a compris. Sur trois côtés, perché sur ses abrupts, le château est inexpugnable. C'est par le seul côté qui regarde la terre que peut venir le risque d'une attaque. Là, il faudra toujours se garder.

Jules César déjà

Monaco tiendrait son nom de celui d'une tribu ligure appelée Monoikos. Dès la première moitié du Vᵉ siècle avant Jésus-Christ, l'historien grec Hécatée de Milet précise que : « Monaco est une ville de Ligurie ». Faut-il prendre le mot ville au pied de la lettre ? Certainement pas. Le port naturel — si sûr, si convoité — a dû abriter très tôt les navires qui sillonnaient la Méditerranée. Quelques demeures ont dû s'édifier non loin de là et d'autres dans l'arrière-pays. Rien de plus, sinon un culte rendu à Hercule dont le nom s'attachera désormais au port et au Rocher : « Il se trouve à Monaco un temple d'Hercule » , dit Strabon.

Plusieurs mentions depuis l'antiquité grecque jusqu'à la fin de la période romaine. Pline l'Ancien cite le *portus herculis monoeci*, confirmant par là la valeur de l'abri portuaire. César, revenant des Gaules pour regagner l'Italie, s'y est embarqué.

Après la fin de la Gaule romaine, l'histoire de Monaco s'enveloppe de tristesse : invasions barbares, ravages opérés par les Lombards, mises à sac, pillages et razzias perpétrés par les pirates barbaresques. C'est contre ce dernier danger que l'empereur germanique Henri VI, en 1191, concède à la république de Gênes la propriété du port et du rocher de Monaco, mais sous une réserve essentielle : elle devra y construire une forteresse.

Le curieux de l'affaire est que, de ce droit, les Génois ne font rien pendant vingt-quatre ans. Tout change en 1215. Cette année-là, la République décide que s'assurer un point d'appui à Monaco, seul port digne de ce nom avant Marseille, représenterait un avantage non négligeable. A condition d'y mettre le prix. Et on l'y met.

Le 6 juin, à la tête d'une flotte comprenant trois galères bourrées de soldats ainsi que plusieurs navires «portant ouvriers et matériaux» , l'un des plus entreprenants consuls de Gênes, Foulques de Castello, jette l'ancre au pied du Rocher.

Pas un jour à perdre : au sommet du plateau, on trace les plans d'une enceinte de trente-sept pans appuyés sur quatre tours. Foulques surveille en personne les travaux. Il demeure sur place jusqu'à ce que les bâtiments aient surgi de terre.

Preuve que les Génois sont décidés à installer sur ce site une population qui parachèvera leur conquête, ils font savoir *urbi et orbi* que les familles venant

Le Rocher et le port de Monaco à la fin du Moyen Age.
(Tableau anonyme du XVIIe siècle, Collection du Palais princier)

Double page suivante :
Vue du Rocher la nuit.

s'installer à Monaco recevront des terres et seront exemptées de taxes et redevances concernant celles-ci.

Les historiens n'ont pas manqué de le souligner : aux origines mêmes de Monaco s'associe déjà la notion de franchise d'impôts.

Les Grimaldi étaient consuls à Gênes

Quand, au XIIe siècle, la famille Grimaldi apparaît dans l'histoire, la puissance de Gênes éblouit l'Europe occidentale. Premiers banquiers de leur temps et dotés d'une flotte immense, les Génois, après avoir rayonné en Italie du Sud, en Sicile, en Corse, en Sardaigne, ont porté leur puissance commerciale jusqu'à Constantinople, à Smyrne, en Perse, en Crimée et partout en Orient. Frappant monnaie, ils fournissent aux souverains des fonds, des galères et des arbalétriers. D'être né génois suscite le plus juste des orgueils.

Or les Grimaldi sont génois.

En 1133, le fondateur de la dynastie, Otto Canella, était consul de la cité. Son fils Grimaldo portera trois fois ce titre repris de la Rome antique. Ressentant probablement la fierté de son prénom, il le lègue, en guise de nom de famille, à son propre fils qui devient donc Oberto Grimaldi. A Gênes, quatre familles se partagent alternativement le pouvoir : les Fieschi, les Spinola, les Doria — et les Grimaldi.

Croire que ces derniers ne songent qu'à l'autorité suprême serait erroné. Dans le même temps que l'un des Grimaldi accède au consulat, d'autres jouent ailleurs un rôle souvent éclatant. Leur bonheur, semble-t-il, est de se battre. Au XIIIe siècle, un Gabriele Grimaldi commande les galères de Charles d'Anjou, comte de Provence, et un Luchetto Grimaldi, après avoir affronté les Vénitiens à Acre, pousse jusqu'en Arménie. Carlo Grimaldi conduit ses galères en mer Noire alors que Gentile négocie entre Ottomans, Bulgares et khans mongols.

Frédéric Ier Barberousse demande pardon au pape Alexandre III, en 1177.
Les Italiens se divisèrent entre partisans de l'Empereur germanique, les gibelins, et ceux du pape, les guelfes, auxquels se rattachent les Grimaldi.
(Fresques de Spinello Aretino, XIVe siècle, Sienne, Palazzo publico)

À gauche :
*Au XIIᵉ siècle,
Frédéric II de
Hohenstaufen se
heurta à la
papauté.*
(Miniature du Codex
Vaticano)

Ci contre :
*Charles d'Anjou,
comte de Provence,
devenu roi de Sicile,
précipita la fin des
Hohenstaufen et
prit les Grimaldi
sous sa protection.*
(Fresques de la tour
Ferrande à
Pernes-les-Fontaines,
XIIIᵉ siècle)

A l'époque où l'empereur Frédéric II de Hohenstaufen est venu battre en brèche les pouvoirs du pape Innocent IV, les Génois sont divisés entre partisans du trône de saint Pierre — les guelfes — et enthousiastes de l'ambition germanique, les gibelins. Les Grimaldi et les Fieschi se veulent guelfes. Or les gibelins vont l'emporter. Trouverons-nous illogique que les vainqueurs, à la fin du XIIIᵉ siècle, aient chassé les Grimaldi de la ville ?

Comment les exilés ne se tourneraient-ils pas alors vers ce Charles d'Anjou que l'un d'eux a si bien servi ? Le comte de Provence n'est pas un prince ingrat : pour compenser ce que ses amis Grimaldi ont perdu à Gênes, il leur cède Vintimille, Menton et Roquebrune. Un territoire que, malgré des obstacles sans nombre, ils conserveront jusqu'au XIXᵉ siècle.

Rainier Iᵉʳ entre en scène

Monaco grandit doucement. Une garnison veille en permanence sur ce qu'on appelle désormais le Château Vieux. Moins de trente ans après l'intervention de Foulques de Castello, la forteresse primitive est doublée d'une enceinte fortifiée. Les documents font également état, en 1252, d'un Château Neuf, « abondamment pourvu d'armes ».

Pourquoi, en 1297, un Grimaldi affublé de la bure d'un moine a-t-il eu l'idée de prendre cette forteresse d'assaut ? Pour une excellente raison : à Gênes, dans les derniers jours de l'année 1295, les guelfes et les gibelins se sont, une fois de plus, entre-tués. Derechef, les gibelins l'ont emporté. Plus que jamais, les Grimaldi sont une cible.

Le moyen le plus efficace de se défendre a toujours été d'attaquer. Puisqu'il est avéré que Gênes et ses gibelins semblent tenir à la position qu'ils ont acquise à Monaco, prenons Monaco !

Contre toute attente, Francesco Grimaldi a réussi.

Les Génois rongent leur frein, mais comment reprendraient-ils la place tant que Charles II, comte de Provence, protecteur comme son père des Grimaldi, n'y aura pas consenti ? L'occasion se présente quand ce dernier se voit contraint de solliciter l'aide de Gênes pour poursuivre sa lutte contre les Siciliens.

Tout se paye. Bon gré mal gré, les Grimaldi doivent remettre leur Rocher à Charles II qui le rétrocède aux Génois. Ils s'exileront en Provence où certains de leurs parents les ont devancés.

Parmi ceux-là : Rainier Grimaldi.

Impossible de l'imaginer, ce Rainier Ier, autrement que sur le pont d'une galère. Au moment où Gênes reprend Monaco, il a trente-quatre ans. Au service de Charles II d'Anjou, il a manifesté avec éclat ses qualités de marin. Regardons-le, casqué et enveloppé d'une cotte de mailles qui lui couvre les bras et le torse jusqu'au bassin. Sur cette protection de fer, il a jeté un surtout de tissu aux losanges rouges et blancs : ce qui correspond, en termes héraldiques, à des « fusées de gueule et d'argent ». Le visage est un peu long, les yeux sombres, le regard marqué d'insolence. Indubitable, l'origine italienne.

Or Charles II ne tient pas à conserver près de lui un homme dont la seule présence est un reproche permanent. Est-ce lui qui a recommandé le gêneur au roi de France Philippe IV le Bel, son neveu ? On ne saurait rêver moment plus favorable.

La bataille de Courtrai, 1302. Cette sanglante défaite de la chevalerie française devant les villes flamandes incita Philippe le Bel à renforcer ses forces navales.
(Manuscrit français du XVe siècle, Paris, Bibliothèque nationale)

Philippe IV, qui vient d'entrer en lutte avec l'Angleterre et la Flandre, ressent impérieusement le besoin de renforcer sa marine. Déjà, il rassemble une escadre contre la flotte flamande. C'est à Rainier qu'il va en confier le commandement.

Grand amiral de France

Au combat, le Grimaldi conduit seize galères qu'il a amenées de Méditerranée. Elles s'ajoutent aux vingt galères françaises dont la lourdeur ne fait que souligner la finesse des siennes. Rainier s'applique à les alléger et à les rendre plus manœuvrières. La bataille navale qu'il remporte en Zélande, en août 1304, demeurera comme l'une des plus mémorables du règne de Philippe IV. Rainier fait prisonnier l'amiral flamand Guy de Namur et le ramène lui-même à Paris. Émerveillé, Philippe le Bel lui attribue une pension annuelle de mille livres et le nomme « grand amiral de France ».

Rentré en Provence, Rainier passe au service du nouveau comte Robert d'Anjou, qui reconnaît sa valeur — prouvée notamment contre les Pisans — en le gratifiant d'une seigneurie en Calabre et de deux autres en Provence. Rainier Grimaldi meurt en 1314. La même année que Philippe le Bel.

Trois ans plus tard, nouvel affrontement à Gênes. Cette fois, les guelfes l'emportent, et aussitôt reprennent pied à Monaco. Dix ans plus tard, les gibelins y reviennent ! Cela durera-t-il jusqu'à la fin des temps ? Robert d'Anjou ne le pense pas qui s'entremet pour réconcilier les factions rivales. Une convention signée à son initiative restitue Monaco aux guelfes et spécifie que Charles Grimaldi, fils de Rainier, reprendra possession de la place.

Jour de triomphe : Charles découvre le Rocher où naguère son cousin Francesco lui a frayé la voie. Il y installe une garnison tout à sa dévotion et se fait acclamer par ses « sujets » avant de renforcer les fortifications : un passé récent lui enseigne la méfiance. Surtout, dans le port, il tient ses galères toujours prêtes à prendre la mer au service de qui pourra en régler le juste prix. Charles, comme son père, est un condottiere. Il n'en conçoit pas le moindre remords : n'est-ce pas là son métier ? En 1338, quand le roi anglais Édouard III dispute le trône des Capétiens à Philippe VI de Valois, il met au service de ce dernier vingt galères et une galiote chargées ensemble de huit mille hommes. Il combattra en Bretagne pendant près de trois ans sous les étendards du roi de France.

Les Génois étaient des Monégasques

Une accalmie et le revoici à Monaco. En son absence, deux cousins, Antoine et Gabriel, ont veillé sur la place et, avec leurs propres galères, affronté les navires gibelins. Séjour vite interrompu : Philippe VI rappelle Charles qui se jette dans de nouvelles batailles contre l'Anglais. Après avoir ravagé Ré et Ouessant, il doit mettre ses hommes à terre et les munir d'arbalètes : rebaptisés « Génois » par Froissart, ils seront à Crécy. Après avoir pris à Édouard III vingt-cinq vaisseaux devant Calais, Charles juge qu'il est temps pour lui de rentrer à Monaco. Il est riche. Il achète pour trois mille onces d'or de biens féodaux en Provence, des domaines à Roquebrune et à Vintimille, ainsi que les droits sur les seigneuries de Tende et de Menton : retour aux sources. Mais c'est pour Monaco, son port et son Rocher, qu'il se prend d'une passion dont les preuves ne manquent pas.

Avant toute chose, il dote la place de fortifications encore plus puissantes. L'une d'elles — l'éperon — va protéger l'entrée du port.

Après vingt-six ans de règne, Charles Ier peut croire les Grimaldi définitivement implantés sur leur Rocher. Erreur. Entre-temps, Gênes s'est donné un souverain : le doge. En 1357, celui-ci se nomme Simon Boccanegra et, pétri d'orgueil, entend bien restituer à la République les positions qu'elle a pu perdre sur le littoral ligure. Monaco est de celles-là. Boccanegra jette quatre mille hommes au pied du Rocher. Comment la garnison monégasque, même renforcée, pourrait-elle faire face à un tel péril ? Charles ne se sent plus la force de conduire une bataille.

C'est au nom de Rainier II, son fils, que, le 9 août 1357 et moyennant vingt mille florins, la place est rendue aux Génois. Non sans arrière-pensée. Le traité spécifie que cette somme représente seulement une indemnité pour les fortifications élevées depuis vingt-six ans. Ce faisant, les Grimaldi préservent l'avenir : ils n'ont pas *vendu* Monaco. A la mort de son père, cette même année 1357, Rainier II conserve d'ailleurs Menton. Lui et les siens vont dorénavant y résider en nourrissant une unique obsession : rentrer chez eux.

Sceau de Rainier Ier Grimaldi.
(Archives du Palais princier)

II

Une seigneurie de la mer

Un voyageur a connu le Monaco de Charles Ier Grimaldi. Vingt ans plus tard, il y revient. N'en doutez pas : il est consterné. Certes, se profilant sur un ciel et une mer qui jouent à qui sera le plus bleu, le Rocher est toujours là. Les tuiles du Château Vieux et du Château Neuf luisent sous le même soleil, mais où ont fui les galères qui — parfois bord à bord — emplissaient le port ? Où ont disparu les équipages qui donnaient tant de vie au village et faisaient marcher le commerce ?

Gênes a installé là deux castellans, autrement dit : gouverneurs. Le premier réside au Château Vieux. Le second, hôte du Château Neuf, rend la justice en tant que podestat. Il autorise les réunions des Monégasques et les préside si besoin est. Mais de quelles assemblées peut-il s'agir dès lors que l'on estime que la population totale est tombée à moins de cinq cents habitants et que ceux-ci n'ont plus que la misère en partage ?

Page de gauche :
Sainte Dévote, patronne de la Principauté.
Détail du retable de Saint-Nicolas par Louis Brea, v. 1500 (cathédrale de Monaco)

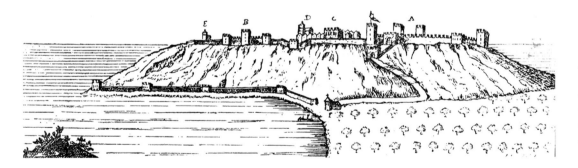

Monaco vers le milieu du XIVe siècle.
(Reconstitution par Gustave Saige, conservateur des Archives du Palais princier)

On voudrait que cette population eût vécu dans le regret des Grimaldi. Ne rêvons pas trop. Venus par surprise, partis, revenus et repartis, ces seigneurs d'aventure ont été bien peu présents. Rainier comme Charles n'ont cessé de naviguer et guerroyer au loin. La seule nostalgie que leur absence a pu susciter est celle d'années où l'on vivait incomparablement mieux. Un document de 1402 signale que le territoire ne produit *aucun* revenu et ne possède *aucune* ressource. Triste.

Exilés de leur Rocher, les Grimaldi, à l'instar de leurs père et grand-père, offrent leurs talents guerriers à ceux qui les traitent le mieux. Il en est ainsi de

Louis d'Anjou, comte de Provence (1377-1417).
(Vitrail de la cathédrale Saint-Julien du Mans)

ce Rainier II qui a dû, contraint et forcé, remettre Monaco aux Génois. Il sert successivement la reine Jeanne de Provence — elle fait de lui son sénéchal de Piémont — et Louis d'Anjou qui le nomme amiral du Languedoc et baron de Lunel.

Après 1371, Rainier II passe au service de la France. Il hasarde ses galères dans l'Atlantique et pousse jusqu'à la Manche où il les met aux ordres de Charles V. Bien sûr, il guerroie contre l'Anglais : nous sommes au plein d'une guerre qui durera cent ans.

Regrette-t-il la lumière et la douceur de sa Méditerranée ? Peut-être, puisqu'il repart pour la Provence où Louis d'Anjou se montre si content de lui qu'il lui concède quelques îles grecques. Rainier mourra en 1407 sans avoir revu Monaco et à fortiori sans l'avoir repris.

Trois coseigneurs à Monaco

Il laisse trois fils : Ambroise, Antoine et Jean. Jean, premier du nom, a vingt-cinq ans. On nous le dépeint « d'esprit aventureux et entreprenant ». Comment en douterions-nous quand nous le voyons mettre son épée — et ses galères — au service du duc de Milan Philippe-Marie Visconti, de l'empereur Sigismond, du pape et des ducs d'Anjou ? On le voit même se charger de la plus insolite des missions : aller quérir à Constantinople Jean II Paléologue, empereur orthodoxe, pour lui faire rencontrer à Bâle les Pères du concile et obtenir ainsi la réunification de la chrétienté ! Un beau voyage mais, à son terme, Jean Grimaldi et son associé Nicod de Menton ne parviennent pas à décider le Paléologue à les suivre. Au retour, Jean se verra infliger par Francesco Sforza une cruelle défaite. Le service de Louis III d'Anjou va entraîner des conséquences infiniment plus positives.

Car, maintenant, en Provence, deux prétendants s'affrontent : les Duras et les Anjou. Selon celui qui l'emporte, les fiefs, les villes et les populations passent d'un camp à l'autre. Louis d'Anjou s'empare de Monaco. Il y établit une garnison où le sac côtoie trop souvent la corde.

Or, parmi ses plus sûrs affidés, on trouve Jean, Ambroise et Antoine Grimaldi. Qui plus est, à Gênes, on souhaite tant s'assurer l'alliance des Anjou que l'on se déclare prêt à laisser le chemin libre aux Grimaldi. C'est sous cette double égide que, en juin 1419, les trois frères font leur rentrée sur le Rocher toujours occupé par la garnison angevine.

Soyons-en sûrs : les Grimaldi n'ont mis le pied à Monaco que pour ne plus en être délogés. Du Rocher, ils entendent faire une seigneurie indépendante.

Donc, en premier lieu, ils se proclament tous trois coseigneurs de Monaco.

Cela dure sept ans. En 1427, Jean désintéresse ses frères Ambroise et Antoine par le don d'une partie de ses domaines : Menton, Roquebrune et les biens qu'il possède à La Turbie. Le voilà seul maître de Monaco.

Galères, galion et galéasses au XVe siècle. Reconstitution datant du XIXe siècle. (Madrid, Musée naval)

Le testament de Jean Ier

Le destin a voulu que Jean Ier vive près de soixante-douze ans, longévité exceptionnelle à l'époque. Il a pu ainsi mesurer l'acuité d'un problème essentiel : celui de sa succession. Seuls deux de ses quatre enfants ont atteint l'âge adulte : un fils, Catalan, et une fille, Bartholomée. Or, de son vivant même, Catalan a perdu tous ses fils et n'a conservé qu'une fille, Claudine. Dans la conception d'un seigneur féodal, voilà une bien triste réalité : après sa mort, Monaco devra revenir à une femme et sortir de sa race !

La réponse de Jean Ier sera le testament qu'il rédige le 5 avril 1454, quelques jours avant sa mort, et qui spécifie que la succession des seigneurs de Monaco doit se faire de mâle en mâle par ordre de progéniture. Cependant, à défaut d'héritier de sexe masculin, une fille pourra succéder à son père. A une condition cependant : elle devra épouser « un homme appartenant soit à la race, soit à l'albergue des Grimaldi[*] ». Leurs descendants devront prendre les armes et le nom de Grimaldi. A juste titre, on a vu dans ces dispositions testamentaires la « charte fondamentale de la dynastie monégasque[1] ».

[*] Albergue est la francisation d'albergo. L'albergo était une institution génoise concernant certaines formes de clans appelés alberghi. Pour Jacques Heers, spécialiste de l'histoire de Gênes au XVe siècle, les alberghi étaient des nobles qui, bien qu'issus de plusieurs familles, portaient le même nom.

Sceau de Lambert Grimaldi (v. 1420-1494), époux de Claudine Grimaldi (1451-1515).
(Archives du Palais princier)

René d'Anjou reconnut Claudine Grimaldi et son époux Lambert comme seigneurs de Monaco dès le XVe siècle.
(Portrait par Nicolas Froment, Paris, musée du Louvre)

Catalan ne survit que trois années à Jean, son père. Elles lui suffisent pour confirmer que sa fille Claudine sera son héritière. Conformément au vœu paternel, il lui choisit un époux : Lambert Grimaldi, coseigneur de Menton et frère de Gaspar, seigneur d'Antibes, son cousin le plus proche. Il épousera Claudine en 1465, la jeune fille ayant quatorze ans et lui quarante-cinq.

Dorénavant, Lambert se présente comme « seigneur de Monaco ». Durant plus d'un quart de siècle, il sera reconnu comme tel par les chancelleries étrangères, notamment celles de René d'Anjou — le « bon roi » René — et des Sforza de Milan[1]. Claudine lui donnera quinze enfants, huit garçons et sept filles.

Un personnage, ce Lambert. « Concentré sur lui-même, froid, patient, dédaigneux de la gloire des armes, comptant surtout sur l'habileté de sa diplomatie » , il saura dominer les événements « avec une rare ténacité et une sérénité inaltérable » : ainsi nous le présente l'un des premiers historiens de Monaco[2]. Selon l'un des derniers, « Charles était encore un féodal, Lambert est déjà un homme des temps modernes[3] ». Sa correspondance — abondante — le dépeint fort cultivé et très pieux, ayant, semble-t-il, commencé des études en vue d'une carrière ecclésiastique.

C'en est fini des Grimaldi condottieri. Lambert s'installe solidement sur le Rocher et veille à ce que nul ne l'en déloge. Sa politique est tendue vers un but unique : assurer l'indépendance de « sa » seigneurie. En ces temps de troubles perpétuels, que d'ennemis pourtant à affronter ! Un débarquement de troupes fomenté par la propre grand-mère de son épouse ; des galères aragonaises et catalanes qui foncent dans le port monégasque, brûlent les vaisseaux, incendient les maisons alentour, saccagent les vignes et les récoltes ; le cousin Lascaris qui lance une compagnie de gendarmes à l'assaut du Rocher ; ses sujets de Menton et Roquebrune qui se révoltent contre lui : toujours Lambert fait face. Et l'emporte.

Il renforce les défenses de Monaco et installe sur le Rocher une garnison permanente qui s'élèvera jusqu'à quatre cents hommes. Dans le port, deux à trois galères, toujours armées, sont prêtes à répondre à une attaque par mer. Malgré les sommes énormes consacrées à la mise en défense de la place, de fructueuses affaires de commerce lui permettent de rassembler un trésor qui se révélera bien précieux lorsque ses héritiers voudront soutenir leur rang.

La protection du roi de France

Surtout, Lambert — qui régnera trente-sept ans — va comprendre que Monaco ne peut survivre sans un protecteur. Une première négociation est engagée auprès du roi Louis XI par son frère Jean-André, évêque de Grasse. Elle se heurte à une extrême réserve. Après la mort de Louis XI, elle est reprise avec Charles VIII et facilitée par le mariage, sous les auspices de la cour de France, du fils aîné de Lambert, Jean, avec Antoinette de Savoie. Charles VIII nomme alors Lambert « conseiller et chambellan du roi ».

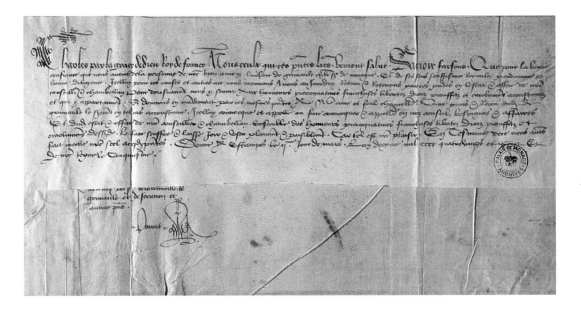

Provisions de conseiller et chambellan en faveur de Lambert Grimaldi accordées par Charles VIII, roi de France, en mars 1488.
(Archives du Palais princier)

Le 25 février 1489, des lettres patentes confirment solennellement au seigneur de Monaco la protection et la sauvegarde du roi de France. Remarquable, la subtilité de l'acte diplomatique : le roi ne réclame de Lambert aucune soumission d'ordre féodal, aucune « autorité régalienne supérieure », aucune « propriété éminente ». Jean-Baptiste Robert constate qu'il s'agit peut-être du « premier exemple de ce que l'on appellera en droit moderne un *protectorat* ». Moins d'un mois plus tard, le duc de Savoie, suzerain de Roquebrune et de Menton, reconnaît que l'indépendance de Monaco n'est pas affectée par le traité avec la France.

L'indépendance ! Tout au long de son règne, elle a représenté le but essentiel de Lambert Grimaldi. Il ose avancer un pion de plus. Au gouvernement de Gênes comme au duc de Milan, il fait savoir que les ordonnances édictées à Gênes ne le concernent plus.

Lambert, septuagénaire, meurt le 15 mars 1494 à Menton. Ses prédécesseurs avaient jeté les bases d'un État. Lambert — que les Monégasques

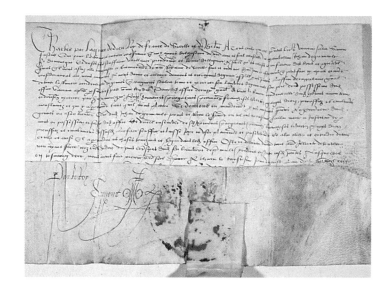

Lettre de Charles VIII, datée du 3 août 1495, nommant Jean II Grimaldi capitaine général de la Rivière du Ponent .
(Archives du Palais princier)

auraient bien dû surnommer le Grand! — a achevé l'édifice. Cette certitude qu'il a toujours éprouvée de régner à bon droit, il l'a traduite dans ce cri devenu la devise de la Maison de Monaco : *Deo Juvante.*

En Italie avec Charles VIII

Ludovic Sforza, duc de Milan.
(Médaillon en marbre de la fin du XVe siècle)

Raffinement et brutalité vont, en Europe, se mêler inextricablement pendant un siècle. Les grands ensembles se gonflent. Monaco devrait disparaître à l'égal de tant de petites seigneuries. Il n'en est rien : les guerres d'Italie intensifient considérablement la navigation en Méditerranée. Très vite, les souverains et les peuples en cause ont compris l'importance de la position stratégique de Monaco. Selon Fernand Braudel, orfèvre en la matière, « la primauté du littoral est si forte en Méditerranée que la route maritime y est un peu une rivière... Une simple guette suffit pour interrompre ou pour gêner la procession des navires côtoyeurs ».

Dans ce sens, les premières années du règne de Jean II Grimaldi, fils de Lambert, sont marquées par les choix politiques heureux du nouveau seigneur. Il a vingt-six ans. On loue son intelligence, son énergie, mais on s'inquiète d'un caractère qui domine mal son impétuosité. Ses qualités, ses défauts aussi, il les partage avec les grands seigneurs de la Renaissance : goût de la parade et du faste, égocentrisme porté au paroxysme. Rien n'est trop beau pour ses châteaux de Menton et de Monaco.

Quand les guerres commencent en Italie, aucune hésitation : Jean apporte son épée à Charles VIII lors de l'expédition napolitaine et ira même jusqu'à protéger la retraite française. Ce qui lui vaut du roi de France la charge de capitaine général de la Rivière du Ponent, la reconnaissance fort rémunératrice du droit de mer de Monaco* et — nouveauté — le droit de « tirer en franchise des blés et des vins des ports de Provence ». Que la colère des Marseillais se soit levée à ce propos, voilà qui ne nous étonnera pas !

En revanche, l'alliance française vaut à Jean II la haine agissante de Ludovic Sforza, duc de Milan, qui tente de le faire assassiner.

Le retour en force de Louis XII et la chute de Sforza annulent le danger. Désormais seigneur de Gênes et duc de Milan, le nouveau roi de France nomme Jean II gouverneur de Vintimille et confirme le droit de mer.

* Le droit de mer était celui, reconnu au seigneur de Monaco, d'assurer, par ses galères, la surveillance du littoral et la protection des navires croisant au large de ses côtes (contre les barbaresques et autres pirates) en contrepartie d'une redevance proportionnelle à la valeur de la cargaison.

Escorté de vingt-cinq gentilshommes vêtus de damas gris, Jean figure dans le cortège de Louis XII lors de son entrée triomphale à Gênes. L'entourage français s'inquiète cependant du caractère de plus en plus emporté du seigneur de Monaco.

La nuit du 10 octobre

Que s'est-il passé dans la nuit du 10 au 11 octobre 1505?

Depuis le début du mois, Jean séjourne à Menton, dans le château qu'il a agrandi et embelli. S'y trouvent également Claudine, sa mère, et son frère Lucien qui est, selon les règles établies par Lambert — Jean n'a qu'une fille —, son héritier[1]. Vers minuit, les domestiques entendent le bruit d'une altercation, ce qui d'ailleurs ne les étonne guère : ils connaissent trop leur maître. Cependant, Claudine les appelle à grands cris. Quand ils entrent, c'est le cadavre de Jean qu'ils découvrent sur le dallage. Lucien a tué son frère d'un coup de dague.

L'événement est gravissime. Le meurtre du titulaire d'un fief peut provoquer de la part du duc de Savoie, suzerain, la confiscation de Roquebrune et de Menton. On comprend que Lucien ait aussitôt dépêché au duc l'un de ses

Lucien Grimaldi (1481-1523). Portrait attribué à Ambrogio de Predis. (Palais princier)

cousins, muni d'une promesse d'hommage immédiat de sa part. Ces instructions présentent pour nous un avantage : elles contiennent le seul récit existant de la mort de Jean II : «Et tout premièrement, leur ferez entendre le trépas de feu monseigneur de Monigues [Monaco], mon frère. Et quant mondit seigneur [le Duc de Savoie] et Madame [la duchesse de Savoie] veulent savoir la vérité dudit trépas, vous lui direz la vérité, comment en lui remontrant le grand tort qu'il faisait à ses frères et sœurs, agissant déshonnêtement de vendre cette place de Monigues aux Vénitiens, il me cuida gormander et frapper d'un couteau, dont à ma défense je dégainai ma dague sur lui et le tuai. »

C'est donc parce que Jean aurait voulu vendre Monaco à la république de Venise que l'altercation se serait engagée? Voilà qui paraît bien étrange et surtout politiquement inexplicable : quel intérêt les Vénitiens, entièrement tournés vers la Méditerranée orientale, auraient-ils pu porter à une position située à l'opposé de leurs convoitises?

On peut voir aujourd'hui, au palais de Monaco, un portrait de Lucien. Le profil et la coiffure évoquent un peu l'image traditionnelle de Louis XI : ce n'est pas celle d'un reître. L'homme un peu gras, l'air songeur, voire mélancolique, nous fait

Double page suivante :
Vue du port de Gênes au XVIe siècle par Cristoforo Grassi.
(Gênes, Musée naval)

plutôt penser à un bourgeois amoureux de ses livres et de ses grimoires. Ce qui nous frappe, c'est que Claudine — dont la tradition nous confirme la présence lors de l'affrontement tragique — n'a jamais paru en vouloir à Lucien. Elle a parfaitement admis que celui-ci succédât à Jean dans ses trois seigneuries. Son affection, jusqu'à sa propre mort, ne lui a jamais manqué. Une autre raison de croire que ce duel fratricide est bien né d'un coup de sang de Jean, c'est que l'albergo Grimaldi — dans son entier — a fait bloc autour de Lucien.

Pièces d'artillerie ayant servi à la défense du Rocher de Monaco. Fin XVᵉ siècle.

14 000 Génois contre Monaco

Si le duc de Savoie a préféré admettre les explications du nouveau seigneur de Monaco, Louis XII, si amical à l'égard de Jean II, va manifester une grande froideur — c'est le moins qu'on puisse dire — à l'égard de Lucien. En 1506, il refuse sèchement de lui conserver le gouvernement de Vintimille qu'il lui avait confié le 1ᵉʳ février 1505.

Ce qui paradoxalement va sauvegarder les droits de Lucien, c'est la révolte qui tout à coup enflamme Gênes et porte un pouvoir populaire à la tête de la cité. Les nouveaux maîtres rêvent de restaurer l'ancienne république dans sa splendeur. Parmi les possessions qu'ils revendiquent, il y a le Rocher : « Ils prétendaient, témoigne l'historien italien Guichardin, que cette place appartenait légitimement à leur république. »

Menace formidable : le peuple génois lève une armée d'environ quatorze mille hommes, « tant gens de guerre que paysans et ouvriers ». Celle-ci est dotée d'une artillerie propre à répandre la terreur : deux grosses pièces, le Buffle et le Lézard, auxquelles s'ajoutent « vingt-deux pièces moyennes et un grand nombre de plus faible calibre ».

Corollaire imprévu mais immédiat de la menace génoise, Lucien rentre en grâce auprès d'un Louis XII parfaitement conscient que la révolte populaire risque de le chasser lui-même de Gênes ! La mauvaise humeur à l'égard de Lucien s'efface si bien que, le 28 novembre 1506, le seigneur de Monaco est nommé chambellan du roi de France. Pendant ce temps, une véritable horde s'est réunie à Vintimille. Elle se met en marche le 6 décembre. Menton lui ouvre ses portes, elle prend et incendie Roquebrune. A la fin de la même journée, les Génois parviennent au quartier des Spélugues, là où s'élève aujourd'hui Monte-Carlo. Ils donnent la main à plusieurs navires génois ancrés dans le port, chargés eux-mêmes d'une multitude de pièces d'artillerie qui menacent les fortifications monégasques.

Fièrement, Lucien refuse de capituler. Les Génois mettent sa tête à prix pour trois mille écus d'or. Et le siège commence.

Sur quelles forces Lucien peut-il compter? La garnison ne réunit guère que deux cents hommes auxquels s'ajoutent dix hommes d'armes français, vingt archers et une compagnie de deux cent cinquante mercenaires français : moins de cinq cents soldats. C'est bien peu. Cependant, grâce à l'esprit de prévoyance de Lambert et de Jean II, la place est «moult bien artillée». Sa puissance de feu paraît avoir été considérable. On dispose de vingt-deux canons sur roues, de pièces de bronze de gros calibre qui, «pour battre muraille», lancent de gros boulets de pierre et sont servis par d'excellents canonniers. Outre cet armement de base, trois cent dix-huit pièces de tout calibre sont prêtes à ouvrir le feu sur l'agresseur[1].

Sous le feu de dix-huit grosses pièces

Du côté génois, deux condottieri, Tarlatino Tarlatini et Gambacorta, flanqués de l'ingénieur Ambrosio Joardo, dirigent les opérations. Quand ils voient que, décidément, Lucien tient bon, ils se décident, à la fin janvier 1507, à mettre leurs batteries en action de jour et de nuit. Résultat : quatre-vingts mètres de remparts s'effondrent. D'heure en heure, les Monégasques s'attendent à l'assaut final. Il ne vient pas. De ce siège, Tarlatini et Gambacorta sont aussi les «actionnaires» : ils ne veulent agir qu'à condition que cela ne vide pas trop leur bourse...

A Gênes, on trépigne. On donne l'ordre d'en finir avec ces insupportables Monégasques. L'ingénieur génois et les condottieri décident de porter leurs efforts sur la partie la

Flotte génoise au XVIe siècle.
(Reconstitution datant cu XIXe siècle ; Madrid, Musée naval)

plus faible des fortifications, la langue de terre qui relie le Rocher à la Tête-de-Chien. Leur artillerie crache ses plus gros boulets. Sous le feu de dix-huit grosses pièces, la tour Albanaise s'écroule mais aussi la barbacane de la porte d'entrée.

Sans cesse Lucien Grimaldi et son frère Charles sont sur la brèche. Quant à la population, elle creuse des trous dans lesquels elle s'enterre au milieu des ruines. On réplique aux bombardements par des tirs de mine qui rappellent les Génois à la prudence.

Est-ce la fin ? Auprès de Louis XII, Augustin Grimaldi, évêque de Grasse, plaide sans relâche la cause de son frère Lucien. De même que Françoise, leur sœur. Bien qu'à Gênes le pouvoir populaire proclame qu'il ne veut pas s'en prendre au roi de France, Louis XII est trop lucide pour être dupe. Afin de donner une leçon à ces Génois, mieux vaut secourir le Rocher. Le gouverneur de Savone, Yves d'Allègre, reçoit l'ordre de marcher sur Monaco.

Du coup, l'ardeur des attaquants ne connaît plus de limite. Le 19 mars 1507, ils lancent toutes leurs troupes dans un assaut qu'ils croient décisif. Leurs hommes gravissent la pente abrupte cependant que tombent sur eux huile bouillante, poix chaude ou soufre enflammé. Un combat sans merci s'engage qui va durer cinq heures : on en est au corps à corps. Au premier rang, Lucien et Charles Grimaldi, leur cousin Barthélemy, les Français Arigois et Sainte-Colombe stimulent l'ardeur des Monégasques. On vient dire aux assaillants que l'armée d'Yves d'Allègre approche. Ils lâchent pied.

Dans la nuit du 19 au 20, les Génois embarquent leur artillerie sur les vaisseaux qui attendent dans le port. La nuit suivante, ils mettent le feu à leur camp. Le 22 mars, ils battent en retraite sur Vintimille. Les Monégasques les poursuivent avec d'autant plus d'entrain que l'armée d'Yves d'Allègre s'est jointe à eux. Menton et Roquebrune sont reprises. Lucien a laissé Monaco à la garde d'Augustin et, conscient que rien n'est plus nécessaire que la protection du roi de France, galope vers Gênes que Louis XII vient de rejoindre pour y mettre le siège.

Des murailles que les seigneurs de Monaco avaient renforcées sans cesse, des deux châteaux embellis de règne en règne, de ce havre où s'abritaient les navires de tous pays, il ne reste que des monceaux de pierres calcinées et un port dévasté. Le trésor de guerre de Lambert a été dépensé jusqu'au dernier écu. Les Monégasques pleurent leurs morts.

III

La France
ou l'Espagne

Finie la comédie des Génois en révolte mais se prétendant toujours fidèles au roi de France. Follement, Gênes a proclamé qu'elle ne voulait plus de maître.

Pour Louis XII, c'en est trop. Il rassemble quatorze mille fantassins, neuf cents hommes d'armes, une artillerie redoutable, et marche sur Gênes. Nous le verrons toujours tel que l'a campé Jean Marot : monté sur un cheval caparaçonné d'une étoffe tissée d'or et de pourpre, sa cuirasse enveloppée de même étoffe, son casque surmonté d'une couronne de plumes blanches, s'avançant sous un dais et en armure de parade vers la ville.

Lucien Grimaldi est auprès de lui.

Le Monégasque s'attendait à des félicitations. Certes il en reçoit, mais il s'aperçoit très vite qu'il n'est guère bienvenu. Quand, après avoir ramené Gênes à la raison, le roi part pour Milan, il l'y suit malgré tout. A peine y est-il arrivé qu'on lui met un marché en main : vendez à la France la seigneurie de Monaco ou à tout le moins reconnaissez votre vassalité !

Vassal ? Les Grimaldi ont toujours combattu pour se libérer d'un tel lien. Est-ce lui, Lucien, qui trahira cette ambition et cette volonté ? Il refuse. Conséquence immédiate : on l'emprisonne au château de la Rochetta. Il y restera enfermé durant une année entière.

En son absence, son frère Augustin, l'évêque, gouverne Monaco. Au nom du roi de France, on le somme de livrer la forteresse. Refus. Louis XII donne l'ordre au chef de ses galères, Prégent de Bridou, d'investir Monaco par mer, cependant que quatre mille fantassins pourvus d'artillerie mèneront les opérations par la terre.

C'est au milieu des ruines du siège et d'une population qui panse à peine ses plaies qu'Augustin reçoit cet ultimatum. Se battre ? Il sait bien que c'est impossible. Alors Augustin multiplie les obstacles et, avec un art consommé, s'applique à ce que les choses traînent en longueur.

Ce faisant, il sauve Monaco.

La tour de Tous-les-Saints faisait partie de l'important dispositif défensif mis en place au XVIe siècle sous Étienne Grimaldi, dit le Gubernant.

Vous êtes maître chez vous, dit Louis XII

Au vrai, d'autres soucis attendent Louis XII. Les difficultés s'accumulent en Italie. Lucien, libéré, est autorisé à regagner Monaco. Il jure de rester à jamais le serviteur et l'allié du roi de France, protecteur des Monégasques, et retrouve — ô merveille ! — son droit de mer.

Au cours des années qui suivent, tout en s'acharnant à relever les ruines de Monaco, Lucien s'ingéniera à contrebalancer l'autorité du protecteur français par des garanties obtenues de puissances maritimes méditerranéennes, la seigneurie de Florence aussi bien que l'Espagne de Ferdinand le Catholique. Ce chantage de haut niveau réussit. De Blois, le 20 février 1512, Louis XII lui accorde de nouvelles lettres patentes : les seigneurs de Monaco ont toujours été «amis de nos amis et ennemis de nos ennemis ». On reconnaît les anciens services qu'ils ont rendus à la Couronne et leur désir constant de les renouveler. Le seigneur de Monaco ne sera «aucunement diminué ne empesché en ses droits, juridictions, supériorités, prééminences de sa dicte place et seigneurie de Mourgues, appartenances et dépendances d'icelle ».

D'autres dispositions accordent en outre au seigneur régnant une pension de cinq cents livres et mettent à la charge du Trésor royal la garnison installée sur le Rocher.

Le négociateur de tout cela n'est autre que le cher évêque Augustin. Ébloui par ses talents, Louis XII le nomme son aumônier ordinaire ainsi que conseiller extraordinaire au parlement de Provence ! Dans l'histoire de Monaco, le traité de 1512 se révèle essentiel : il assoit solidement — sinon définitivement — la souveraineté des Grimaldi sur le Rocher et leur indépendance : «la seigneurie de Mourgues n'est tenue que de Dieu et de l'épée ».

La grande conjuration contre Lucien

La paix, enfin ! Elle ne va pas durer.

François Ier et Charles Quint se font face. En mai 1522, l'empereur s'empare de Gênes. Une nouvelle menace pèse sur Monaco. Charles Quint ne va-t-il pas jeter son dévolu sur le Rocher sous le prétexte que son seigneur est allié au roi de France ? Saisi de panique et comme s'il estimait à l'avance que sa cause est perdue, Lucien fait savoir à François Ier qu'il est prêt à lui céder sa seigneurie. Il va plus loin : il adresse la même offre à la république de Gênes et à Charles Quint !

Or, en juin 1522, on voit surgir à Monaco des Génois qui, suspects aux yeux de Charles Quint, redoutent d'avoir maille à partir avec lui. Parmi eux, l'illustre amiral Andrea Doria : il met son génie au service de qui veut bien le couvrir d'or. Il a conduit dans le port les quatre galères qu'il commandait à Gênes et retrouvé auprès de Lucien un jeune parent, Barthélemy Doria, seigneur de Dolceaqua, fils

d'une sœur de Lucien. « Homme fort couard, et débilité de la grosse vérole de Naples qu'il avait eue longtemps », Barthélemy voue à Lucien une haine farouche depuis que celui-ci, arguant de sa vie dissolue, l'a pratiquement déshérité. Lucien ne semble pas avoir pris au sérieux la profondeur de ce ressentiment. Bien au contraire, il traite son neveu avec une indulgence apitoyée. Il a tort.

Sur le Rocher, on voit de plus en plus fréquemment ensemble Doria et Barthélemy. La vérité est que Doria s'est peu à peu persuadé que la place de Monaco représenterait, s'il venait à s'en emparer, un avantage dont il pourrait tirer un parti immense.

Hôte sans vergogne de Lucien, l'amiral médite — dans le meilleur des cas — de le chasser de sa seigneurie. Il se voit déjà maître sur le

Rocher, dictant sa loi, lançant ses galères à l'assaut de ses ennemis et les rappelant dans le port où l'artillerie de la forteresse empêcherait quiconque de les rejoindre. Que pourrait-il alors redouter de François Ier ou de Charles Quint, selon qu'il choisisse de servir l'un ou de trahir l'autre ? Doria, sûr de l'appui de son jeune cousin, s'imagine déjà seigneur de Monaco.

L'amiral a repris la mer. Le plan prévoit que, sur le signal de Barthélemy, ses galères regagneront aussitôt le port pour y déverser leurs équipages. Ceux-ci s'empareront d'autant plus aisément de la forteresse que Lucien vient d'y accueillir une vingtaine de prétendus exilés de San Remo, en fait chargés de prêter main-forte à Barthélemy. Au début d'août 1523, Doria fait savoir à son complice, alors à Dolceaqua, que « le temps est venu d'exécuter le projet qu'il sait ».

Le 22, Barthélemy rejoint Monaco.

Lucien réserve comme toujours un excellent accueil à son neveu et le convie à l'accompagner à la chapelle pour la messe. Barthélemy s'y refuse. Au cours du repas qui suit, on remarque son « air égaré ».

Au large, les galères de Doria ont pris position.

Andrea Doria par Sebastiano del Piombo.
(Rome, galerie Doria Pamphili)

Quarante-deux coups de poignard

Barthélemy a demandé à son oncle des lettres de recommandation auprès de la cour de France. Pour les rédiger, Lucien entraîne son neveu dans une salle qui, au premier étage du château, donne sur la mer. Il ne se rend pas compte que les réfugiés accueillis par lui avec tant de bienveillance les y suivent. À peine est-il entré dans la salle qu'il se voit « isolé au milieu des assassins ». Ceux-ci se précipitent sur lui et le frappent de quarante-deux coups de poignard, trente-deux étant mortels[1]. Ainsi, Lucien Grimaldi qui, en répandant le sang, avait acquis la seigneurie de Monaco, la perd, en même temps que la vie, parce que le sien est cette fois répandu.

Il reste à Barthélemy l'essentiel : se rendre en haut de la tour d'où il doit adresser le signal convenu aux galères de Doria. Jusqu'au bout lamentable, il n'a pas même songé que, pour rejoindre la tour, il faut traverser le second étage. Or le meurtre est déjà connu des officiers de Lucien qui, prêts à en découdre, s'y sont assemblés.

La flotte d'Andrea Doria en 1524 par Théodore Gudin
(Château de Versailles)

La population accourt en renfort. Barthélemy n'offre bientôt à ses affidés qu'un visage épouvanté et un regard de plus en plus troublé. On doute qu'il ait lui-même eu l'idée de prendre en otages Jeanne de Pontevès, veuve de Lucien, et ses enfants.

Au large, Andrea Doria a compris que son complice avait échoué. Il se garde bien de débarquer. Quant à Barthélemy, il tente de négocier, menace de faire tuer les otages. Pour assurer leur sauvegarde, on le laisse fuir.

Un peu plus tard, sans qu'il y ait là aucun rapport de cause à effet, l'évêque Augustin débarque dans le port de Monaco. Venant de Cannes, il a, non sans surprise, croisé les galères de l'amiral Doria. Il trouve la population dans un état d'alarme et d'agitation qui lui est expliqué dans l'instant : on vient d'assassiner son frère !

Paix ayant appartenu à Augustin Grimaldi.
(Musée du Palais princier)

Le premier moment donné à la douleur, Augustin se remémore les règles fixées par Claudine, sa mère. Son testament a prévu en sa faveur une dérogation à la loi héréditaire. Dans l'hypothèse où les fils de Lucien seraient trop jeunes — c'est le cas —, elle lui a attribué la succession de son frère à titre viager. De ce fait, il lui revient, alors même que Lucien n'est pas enterré, de se saisir du pouvoir monégasque. Ce qu'il fait avec une énergie qui nous frappe, nous qui avons admiré surtout ses talents de négociateur. Des trois frères Grimaldi, Jean, Lucien et Augustin, tout démontre que le dernier possède « l'intelligence la plus brillante[1] ».

Devant le cadavre encore chaud, Augustin se mue dans l'instant en chef de guerre. Furieux que les officiers de la maison aient laissé déguerpir Barthélemy et ses affidés, il organise une véritable chasse à l'homme. Les conjurés se sont enfuis dans la montagne. On les rejoint et on les capture près de La Turbie. Las ! on est en terre de Savoie, il faut les relâcher.

Quand il succède à Lucien, Augustin a quarante-quatre ans. Il a séjourné à Rome où il reste bien connu. Il est apprécié de la cour de France. Sa dévotion ne fait aucun doute et pas davantage sa vaste culture, mais il s'y ajoute une grande connaissance du monde : ne s'est-il pas rendu à Jérusalem ?

Un seul problème se pose : pour exercer un pouvoir temporel, il lui faut obtenir une autorisation du souverain pontife. On l'accorde rarement à un évêque. Augustin en bénéficie très vite : la Curie sait à qui elle a affaire. Il lui reste à se saisir du gouvernail au moment où, une fois de plus, Monaco se trouve exposé à de multiples menaces.

Sous la sauvegarde de Charles Quint

D'abord, châtier l'assassin de son frère : telle a été la première préoccupation d'Augustin. Certes, François Ier a témoigné son indignation et il a ordonné que l'on ouvre une enquête, mais il n'a pas été au-delà. Il n'en est pas de même des cousins

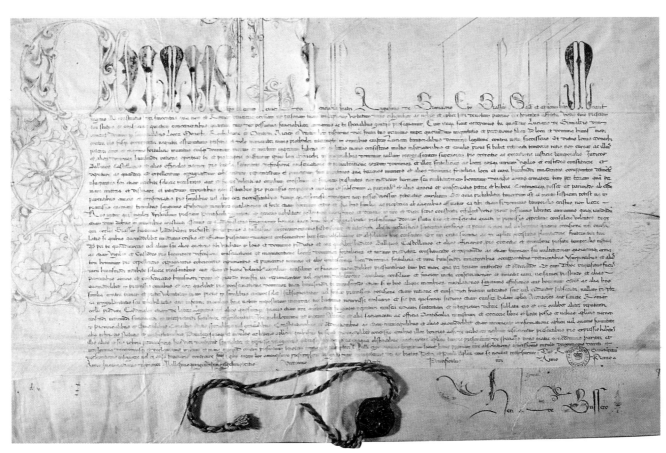

Grimaldi de Gênes dont Lucien s'est rapproché à plusieurs reprises et qui manifestent une solidarité active. Ils montent une expédition contre les possessions de Barthélemy et les lui confisquent. Réfugié en Savoie, protégé par Louise, mère de François Iᵉʳ, Barthélemy peut se croire en sûreté. Pour venir à bout de lui, Augustin choisit la ruse. Il mande à l'assassin que le pardon lui sera accordé s'il vient faire amende honorable en l'église de Monaco. Barthélemy tombe dans le piège. A peine a-t-il pénétré sur le Rocher qu'il est arrêté, jugé et condamné à mort. Cependant, Rome ne souhaite pas qu'un évêque inaugure un règne temporel par une exécution. Clément VII recommande la clémence. Augustin se voit forcé de libérer Barthélemy qui, engagé dans les rangs de l'armée française, y perdra la vie dans un combat dont nous ignorons tout.

Pour sauvegarder l'indépendance de Monaco, vers qui se tourner ? François Iᵉʳ ? Il vient de montrer tant de tiédeur qu'il y a fort à penser qu'il voudra au contraire un jour ou l'autre faire main basse sur le Rocher. Alors qui ? Clément VII ne cache pas sa prédilection pour Charles Quint. Le 20 février 1524, s'il reconnaît Augustin comme successeur légitime de Lucien, il l'encourage à se rapprocher de l'empereur. Augustin prête l'oreille à ces saints conseils et charge son parent, Léonard Grimaldi, de se rendre à Burgos pour négocier une alliance. Le 7 juin 1524, Léonard se porte garant que, désormais, le seigneur de Monaco se consacrera

Bulle en date du 19 février 1524 par laquelle le pape Clément VII accorde à Augustin Grimaldi les dispenses pour exercer la puissance temporelle, et reconnaît le caractère souverain de Monaco. (Archives du Palais princier)

f. 12

De par l'empereur

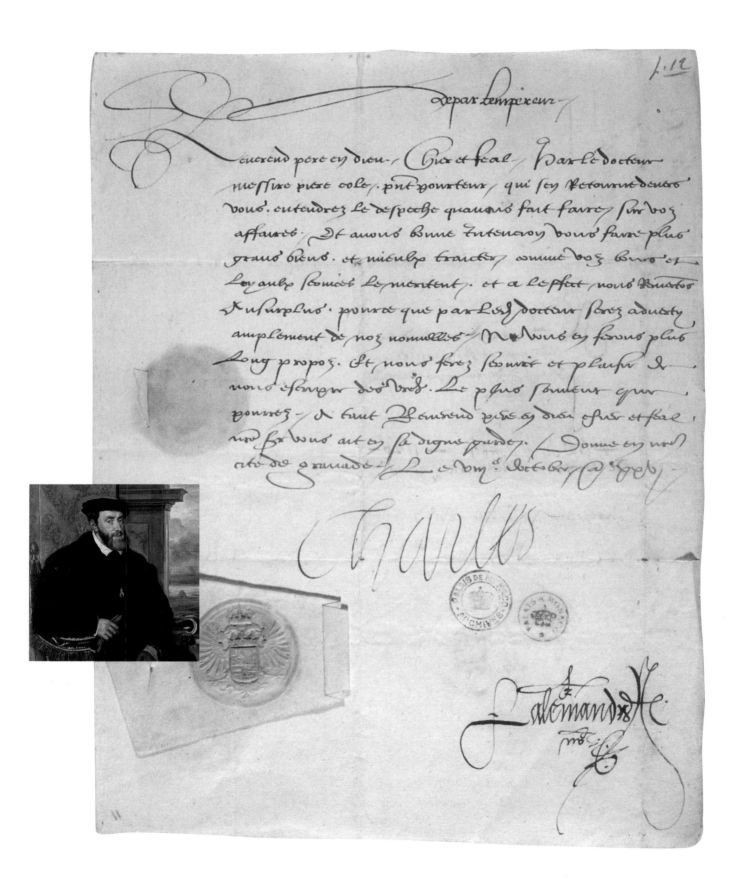

Reverend pere en dieu, Chier et feal, Par le docteur
messire pierre cole, present porteur, qui sen retourne devers
vous, entendrez le despeche quavons fait faire sur voz
affaires. Et avons bonne entencion vous faire plus
grans biens, et mieulx traicter comme voz bons et
loyaulx serviez le meritent, et a leffet, vous laisserez
du surplus, pource que par ledit docteur serez advisez
amplement de noz nouvelles. Ne vous en serons plus
long propoz. Et nous ferez service et plaisir de
nous escripre des voz, le plus souvent que
pourrez, a tant Reverend pere en dieu chier et feal,
nostre seigneur vous ait en sa digne garde. Donne en nostre
cité de granade, le xxme d'octobre 1536.

Charles

Alemand

« à l'entière obéissance et service de son empereur ». Pour sauver Monaco, il fallait plier ou mourir. Léonard Grimaldi a plié.

Profond est le désarroi d'Augustin quand il prend connaissance du traité. Certes, Charles Quint lui décerne le titre de conseiller impérial et promet de lui verser deux mille écus de pension annuelle, mais a-t-il pour cela le droit de jeter aux orties l'indépendance de la seigneurie ? Augustin fait savoir aux Espagnols que Léonard a trop accordé, qu'il faut négocier de nouveau. Il envoie à Charles Quint l'avocat fiscal Pierre Colle qui plaide avec tant de fougue que l'empereur en est ému : il annule l'acte de vassalité par la déclaration de Tordesillas qui reconnaît l'indépendance de Monaco.

Charles Quint à Monaco

Les événements donnent raison à Augustin : François Ier est vaincu à Pavie et conduit en captivité en Espagne. A Cambrai, la « paix des dames » reconnaît la suprématie espagnole en Italie. Celle-ci va durer plus d'un siècle.

L'été de 1529, alors que Charles Quint se rend à Bologne pour recevoir des mains de Clément VII la couronne de fer des Lombards, son escadre mouille devant le Rocher. Le seigneur-évêque l'accueille en grande pompe. Les fêtes durent trois jours et les liens d'amitié se resserrent. A ce point qu'Augustin ne veut plus quitter l'empereur et navigue avec lui jusqu'à Gênes. C'est là que se trouvent les principaux créanciers de Charles Quint et celui-ci espère fort obtenir d'eux compréhension et patience. Bienheureux hasard : parmi ceux-ci, figure la banque Grimaldi ! On imagine l'empereur se tournant, interrogateur, vers Augustin et celui-ci, éclatant d'orgueil, répondant qu'il s'agit bien de sa famille...

Au cours des années qui suivent, Augustin s'acharne à obtenir le paiement de la solde des deux cents fantassins que Charles Quint s'est engagé à entretenir sur le Rocher. Il ne parvient pas à se faire verser un écu. Les caisses sont vides, Augustin est à quia.

Brusquement, le 14 avril 1532, il meurt. Les contemporains ont cru à un empoisonnement mais nous ne pouvons guère en juger : l'état de la médecine ne permet pas à l'époque de différencier l'effet du poison d'une crise d'appendicite.

Page de gauche :
Lettre de Charles Quint à Augustin Grimaldi, du 8 octobre 1526. (Archives du Palais princier)

Charles Quint peint par Titien. (Pinacothèque de Munich)

La réception de Charles Quint à Monaco en 1525. Fresque de la façade de la chapelle Saint-Jean-Baptiste du Palais princier par Jacob Froschle et Deschler d'Augsbourg.

Cloche de l'ancienne église Saint-Nicolas portant les initiales d'Étienne le Gubernant et Honoré Ier.
(Cour d'honneur du Palais princier)

Étienne, le Gubernant

Nul problème pour la succession, si ce n'est que Honoré Ier, fils de Lucien, n'a que dix ans. On lui trouve un régent : Étienne Grimaldi, de la branche génoise, partisan avéré — cela vaut mieux — de Charles Quint. Baptisé Gubernant et admis comme expédient provisoire, cet Étienne va en fait gouverner la seigneurie jusqu'à sa mort, en 1561, soit pendant près de quarante ans. La correspondance de Francisco de Valenzuela, agent diplomatique de Charles Quint sur le Rocher, pour partiale qu'elle puisse être, nous livre un portrait assez savoureux d'Étienne Grimaldi. Nous le voyons prêt, s'il s'imagine que l'on puisse lui manquer, à monter sur ses grands chevaux. Doté d'un caractère singulièrement instable, tantôt il se montre au comble de l'angoisse, tantôt gai comme un pinson. De toute façon, il est « si agité, écrit Valenzuela à son maître, qu'il invente chaque jour tant de choses que je pense qu'un jour il va ouvrir lui-même la fenêtre par laquelle on le précipitera ».

Le plus étonnant, dans cette correspondance, est de constater la place insolite que Monaco occupe dans les préoccupations de Charles Quint. Impossible d'oublier que l'empereur est au zénith de sa puissance. Pizarre vient de lui donner le Pérou, parachevant en épopée une extraordinaire aventure coloniale. Or Charles Quint ne cesse de se préoccuper d'une seigneurie minuscule — dix-huit hectares, six cents habitants — et supporte sans protester que le Gubernant, de plus en plus jaloux de son pouvoir, chasse son agent diplomatique au bout de dix-sept mois[1] ! Il est vrai que les agents de l'empereur ne cessent de lui remontrer que Monaco est une position stratégique de premier ordre. Mais tout de même...

En somme, ce Grimaldi venu d'ailleurs s'est glissé, aussi complètement que possible, dans cette mentalité très particulière, vieille de trois siècles, qui est celle des seigneurs monégasques. Comme eux, il s'efforce de mettre à l'abri Monaco et d'en renforcer les défenses. Il double l'une des tours par des bastions et en fait construire une nouvelle. Pour parer à un siège toujours menaçant, il fait agrandir, au milieu du Château Vieux, l'ancienne citerne à laquelle il donne des proportions jamais atteintes. On a calculé au XVIIIe siècle que l'eau ainsi contenue pouvait suffire à abreuver mille hommes pendant six cent quarante-huit jours. Cette citerne existe toujours sous le sol de la cour d'honneur du palais princier. Une plaque, fixée sur le pilier central, rappelle les noms d'Honoré Ier et de son tuteur ainsi que la date de 1552.

Les précédents Grimaldi avaient donné la priorité à la défense. Étienne, le premier, se préoccupe d'esthétique. Il fait élever dans la cour du palais un portique formé de deux galeries superposées de douze arcades, celle de l'étage supérieur étant ornée de balustrades de marbre blanc. Sur la terrasse qui prolonge la cour, il fait construire une aile nouvelle dont Luca Cambiaso peindra la façade à fresque. Dès lors, la cour du palais princier prend à peu près sa forme actuelle, excepté au nord-ouest où le rempart, ainsi que la tour de Serravalle, demeurent visibles.

Soucieux non seulement de défendre la place mais de procurer du travail à ses habitants, Étienne installe même sur le Rocher une fonderie de canons et une poudrière ! Il mourra en 1561, toujours resté fidèle à l'empereur mais vigilant quant à la souveraineté de son cher Rocher.

D'autres choix attendent ses successeurs.

La cour d'honneur du Palais princier fut aménagée par Étienne Grimaldi. Elle prendra son aspect définitif au XVIIe siècle, sous Louis Ier, avec notamment la construction de l'escalier à double révolution.

IV

Le premier prince

Mort, le Gubernant. Honoré Ier peut enfin voler de ses propres ailes. Ce quadragénaire sans passion va se contenter de mettre ses pas dans ceux d'Étienne. L'Espagne l'accable de faveurs qui ne lui coûtent guère : elle lui fait don par exemple de plusieurs seigneuries situées au sud de l'Italie, ce qui signifie que leur rendement est nul. Elle érige en marquisat celle de Campagna, ce qui lui pèse moins encore.

Le seul souci de ce Grimaldi-là concerne sa marine. La plupart de ses galères ont été saisies par ses créanciers. Il a dû vendre les trois qui lui restaient. Il s'en attriste un peu mais se contente des faibles revenus que lui versent ses sujets de Roquebrune et de Menton. Honoré se trouve si bien chez lui qu'à sa mort, en 1581, on constate qu'il n'a pas quitté ses seigneuries depuis plus de cinquante ans.

Son fils aîné, Charles II, lui succède. Il a vingt-six ans. De lui on ne sait que peu de chose. Son portrait, conservé au palais de Monaco, nous le montre vigoureux, d'aspect très italien, avec une mince moustache brune et des yeux en amande. Ses contemporains le dépeignent comme de caractère difficile, « fougueux, entier et absolu ». Il a armé en course les quelques petits navires qui lui restaient. Leurs capitaines se sont conduits de telle sorte que, bientôt, on les a accusés de piraterie. Les tribunaux de Gênes ont inculpé Charles II de ce crime — et l'ont condamné.

Il ne règne que huit ans. Il meurt subitement en 1589. Sans alliance ni enfant.

Hercule le bien nommé

Il semble d'abord que son successeur, son frère cadet Hercule Ier, ne fera pas davantage parler de lui. Bien sûr, il doit subir les sempiternels embarras financiers de ses prédécesseurs mais ses ennuis s'aggravent fortement quand, à la tête de sept cents hommes, un certain César Arnoldo, Monégasque d'origine à la solde du duc de Guise, investit la forteresse par voie de terre. Les fortifications restaurées — bastions, casemates voûtées, murs percés de meurtrières et de canonnières — démontrent avec éclat leur efficacité. Secondé par la garnison et la population réunies, Hercule manifeste une ardeur digne

Portrait d'Honoré II (1597-1662) par Philippe de Champaigne, 1651. (Collection du Palais princier)

Hercule Ier Grimaldi (1562-1604) imaginé par un artiste du XIXe siècle. (Collection du Palais princier)

Médaillon réalisé à
l'occasion du
mariage d'Hercule Ier
avec Maria Landi
de Valdetare.
(Palais princier)

de ses ancêtres : Arnoldo et ses complices doivent déguerpir, honteusement.
L'éloignement du protecteur espagnol — géographique et moral à la fois — ranime les espoirs du côté français : le duc de Guise propose son alliance et sollicite la main de la fille aînée d'Hercule, lequel se dérobe, redoutant à juste titre un gendre qui risquerait de se muer en cheval de Troie.

En fait de mariage, d'ailleurs, le protecteur espagnol a su offrir à Hercule un parti non seulement brillant mais riche : Maria Landi de Valdetare qui, par sa mère, descendait des rois de Portugal et d'Aragon. Le mariage semble avoir été heureux. Morte en 1599 en donnant le jour à son troisième enfant, Maria n'a laissé que des regrets.

Depuis le XIVe siècle, la petite ville de Monaco n'a guère changé. Elle se limite à quatre rues, toutes parallèles, qui s'allongent sur le plateau pour déboucher — comme de nos jours — sur la place qui jouxte le Château Vieux : la rue du Tribunal, ainsi dénommée en l'an 1600 ; la rue des Briques, ainsi appelée parce qu'elle a été la première pavée ; la rue du Milieu ou *Strada Grande*, habitée par les notables du pays ; la rue Basse ou *Strada Sottana*, la seule qui ait gardé aujourd'hui son caractère archaïque, avec ses nombreuses voûtes et ses boutiques[1]. C'est là que, désormais, Hercule recherche les jeunes femmes qui pourront lui faire oublier son épouse.

Il suffit de parcourir ces rues — en un quart d'heure l'exploration est accomplie — pour se rendre compte qu'un seigneur en quête de bonnes fortunes ne peut guère passer inaperçu. Bientôt, il n'est plus de mari à Monaco qui n'ait à craindre de se trouver bafoué. Un certain Stefano Boccone, homme de loi, vient à point nommé attiser les jalousies. Nous ne pouvons plus douter que cet agent double a saisi le prétexte pour chasser les Grimaldi du Rocher au profit des Génois[2]. A son instigation, le 23 novembre 1604 après minuit, cinq de ses affidés, ne connaissant que trop les habitudes du seigneur de Monaco, vont se poster dans la rue du Milieu.

Un cadavre jeté à la mer

Vers 4 heures du matin, suivi d'un seul serviteur, le trop confiant Hercule surgit. On se jette sur lui, on le perce de coups de poignard. Il passe dans l'instant de vie à trépas. Aussitôt on traîne le cadavre jusqu'à l'à-pic qui domine la mer, on l'y jette.

A peine le jour est-il levé que quelques Monégasques, pleins de rancœur, envahissent le château et commencent à le piller. Des serviteurs dévoués se hâtent de cacher précipitamment les filles et le jeune fils d'Hercule — désormais Honoré II — âgé seulement de sept ans. Pour parer à l'avidité avouée du duc de Savoie qui non seulement a fait avancer une de ses galères vers le cap d'Ail mais réunit des troupes à La Turbie, les Monégasques s'assemblent précipitamment et confient la tutelle du jeune Honoré à son oncle maternel Federico, prince de Valdetare. S'ils ont cru que ce grand seigneur milanais allait renforcer l'indépendance de Monaco, ils se sont égarés : le prince ne songe qu'à confirmer sa fidélité à l'Espagne à qui il doit tout et dont il attend plus encore.

Ayant prêté serment de fidélité à Honoré II, laissant à son épouse le soin de veiller sur le jeune prince et ses sœurs, Valdetare regagne Milan où, sans tarder, il signe une convention qui aggrave les conditions du protectorat espagnol. S'il revient à Monaco, ce n'est que pour emmener avec lui, à Milan, Honoré II et ses sœurs.

La rue Basse, dans la vieille ville.

Page de gauche, en bas :
Vue de Campagna, fief des Grimaldi de Monaco en territoire espagnol, début XVIIe siècle.
(Archives du Palais princier)

Il est temps que vous vous fassiez prince !

Croire que Honoré II va grandir sous la tyrannie d'un tuteur abusif serait cependant contraire à la réalité. Tout au long des années de son exil, Valdetare multiplie au contraire, à son égard, attentions et preuves d'affection. Il dote Honoré des meilleurs précepteurs. Lui qui aime le faste et les honneurs, il enseigne à l'adolescent ses goûts de grand d'Espagne. Le jour où Honoré II a quinze ans, il profère cette phrase solennelle :

— Vous êtes seigneur de Monaco. Il est temps que vous vous fassiez prince !

Hercule avait naguère souhaité obtenir de Philippe II d'Espagne une principauté, mais en vain. Valdetare encourage son pupille à passer outre. Dès 1612, celui-ci se désigne dans les textes officiels comme «Honoré II, Prince et Seigneur de Monaco».

Effigie du prince Federico Landi de Valdetare, oncle et tuteur du futur Honoré II.
(Archives du Palais princier)

Jeanne Grimaldi, sœur du futur Honoré II, par Bernard Mimault.
(Palais princier)

À gauche :
Un élément des fortifications du Palais princier : le bastion de Serravalle, achevé en 1545.

Valdetare estime avoir accompli sa mission. Ayant fait épouser à Honoré une jeune fille de la grande famille des Trivulce et redoré ainsi son blason, sûr d'avoir définitivement attaché son pupille à l'aristocratie lombarde, il s'efface. Honoré II peut regagner Monaco. Il a vingt ans.

Peut-être est-il prince mais, sur le Rocher, ce sont les officiers de la garnison espagnole qui règnent. D'année en année, cette sujétion lui pèsera davantage. Timide, renfermé, patient comme son grand-père, Honoré II a compris qu'il était inutile de manifester ouvertement ses sentiments. Ravis, les Espagnols constatent qu'il se montre fort satisfait des honneurs qu'ils lui décernent : la Toison d'or pour lui-même, la commanderie de l'ordre d'Alcantara pour son fils Hercule.

Pour autant, il ne se veut ni inerte ni indolent. Il reprend en main l'administration de ses domaines, cependant qu'il ne cesse d'embellir et d'agrandir sa

L'unique vestige de la présence espagnole à Monaco entre 1524 et 1641 se trouve sur le linteau d'une porte de la vieille ville ; il s'agit d'une inscription gravée en espagnol mêlé d'italien, que l'on peut traduire ainsi : «Le 15 mars 1548. Deo Juvante. Pietro Carbonero. Toutes les choses s'oublient vite en ce monde, sauf la renommée et la gloire.»

demeure du Rocher. Il y travaillera pendant trente ans. L'aspect actuel du palais princier lui doit beaucoup. Il a masqué l'ancien rempart et les tours génoises en doublant l'aile qui s'élève du côté de la place. Il a prolongé sur la cour d'honneur les grands appartements de l'aile sud-ouest et fait ainsi disparaître la tour de Serravalle derrière un bâtiment édifié de part et d'autre d'une nouvelle chapelle.

Qui pourrait croire que ce prince paisible, au moment même où l'Espagne reconnaît officiellement son titre, a déjà amorcé le renversement le plus stupéfiant de l'histoire de Monaco ?

Un prodigieux retournement

Regardons au palais le portrait d'Honoré II dû à Philippe de Champaigne : il s'agit d'un homme dans la force de l'âge, portant cuirasse de cour et grand cordon. Le visage bien en chair, un peu rond, un peu mou, est encadré de longs cheveux sombres comme les portait Louis XIII. Les yeux sont noirs, ainsi que la moustache épaisse relevée aux deux extrémités et la «royale» sur le menton. Démentant toutes les prévisions que l'on aurait pu concevoir, cet homme-là va mettre une obstination digne d'admiration à rejeter le protectorat espagnol.

Les négociations secrètes ont duré onze ans et cela — c'est à peine croyable — sans que les Espagnols aient rien soupçonné ! Le 14 septembre 1641, le traité fixant les nouvelles relations entre la France et la principauté est signé à Péronne par Louis XIII. Le même jour, le roi écrit personnellement à Honoré : «Je vous assure que vous trouverez en moi une bonne volonté si sincère en votre endroit et pour toute votre Maison que vous n'aurez jamais regret d'avoir pris la résolution que vous m'avez témoignée. »

Les principales stipulations du traité peuvent se résumer ainsi : le roi de France accorde sa protection à Monaco dont il reconnaît les droits souverains ; il établira sur le Rocher une garnison française de cinq cents hommes dont les frais seront payés par lui ; il nommera les officiers mais ceux-ci seront placés sous les ordres du prince ; la garnison ne devra s'immiscer dans aucune affaire intérieure de la principauté ; le prince sera associé à tous les traités de paix signés par le roi[1].

En compensation des seigneuries italiennes que l'Espagne ne manquera pas de lui confisquer, le prince recevra une rente annuelle de soixante-quinze mille livres garantie par des fiefs français dont l'un sera érigé en duché-pairie, un autre en marquisat pour son fils, et un troisième en comté.

Louis XIII par Juste d'Egmont, XVIIe siècle.
(Château de Versailles)

Traité de Péronne signé le 14 septembre 1641 par lequel Louis XIII place la principauté de Monaco sous la protection de la France « aux conditions que ledit Prince a luy-mesme proposées ».
Il s'agit de l'acte fondateur des relations contemporaines entre la France et Monaco.
(Première page, article 6 et dernière page portant scellé du cachet rouge. Archives du Palais princ.er)

Un coup d'État exemplaire

Encore faut-il passer aux actes. Honoré se révèle le plus ingénieux des metteurs en scène. Des troubles éclatent à point nommé à Menton et à Roquebrune. Sur l'ordre du prince, on amène aussitôt à Monaco une trentaine de « rebelles » pour qu'ils soient emprisonnés au palais. En fait, il s'agit de gens dont la fidélité est si grande qu'ils constitueront, quand l'heure aura sonné, un renfort inappréciable. Volant au secours d'Honoré, les Espagnols annoncent qu'ils vont écraser l'émeute dans l'œuf : soixante-quinze de leurs soldats sont dépêchés à Roquebrune, allégeant d'autant la garnison dont il faudra venir à bout.

Curieusement, depuis quelques jours, des travaux se sont révélés d'une urgence extrême et ont conduit à amener au palais les ouvriers nécessaires. Ceux-ci ont rejoint les hommes d'armes dont une soudaine menace barbaresque — ah ! ces Barbaresques ! — explique le recrutement non moins urgent. Au moment où, le

Salle intérieure
du bastion
de Serravalle.

17 novembre 1641, l'action va se nouer, cent hommes sur qui l'on peut absolument compter sont donc réunis dans les salles basses sans qu'aucun officier espagnol ait seulement conçu l'ombre d'un soupçon.

Ce soir-là, le prince convie les officiers à un festin au cours duquel on sert les meilleurs crus. Aux hommes de troupe, on distribue du vin plus ordinaire mais en abondance. A peine la fête est-elle finie que la garnison espagnole tout entière plonge dans un profond sommeil.

Suivi de son fils Hercule et de ceux de ses officiers, Honoré gagne les salles basses. Il fait appel à la fidélité et au courage de ses partisans. On l'acclame. Tous se précipitent sur les armes qu'on leur distribue.

Pas une minute n'est perdue : Hercule Grimaldi emporte le poste de Serravalle, un officier se rend maître du corps de garde du palais et boucle dans ses quartiers ce qui reste de la garnison espagnole. Honoré se jette lui-même avec cinquante hommes sur le poste le plus redoutable, celui qui protège l'accès par la ville : là servent les meilleurs soldats espagnols. On livre contre eux avec succès trois attaques successives.

Hercule, fils d' Honoré II, enfant. Le prince meurt accidentellement à l'âge de 27 ans. (Palais princier)

Un coup de canon annonce aux cent soixante hommes amenés par le capitaine de Menton qu'il est temps d'intervenir. La déroute des Espagnols est totale. Le bilan : huit morts dans leurs rangs, pas un seul chez les Monégasques.

Une balle de pistolet dans les reins

Voici donc Honoré II devenu allié de la France. Transition difficile. En ce temps-là, Louis XIII a entrepris l'expédition du Roussillon. A Lyon, il exprime le désir de rencontrer le prince de Monaco. Le 25 avril 1642, Honoré s'embarque sur une galère qui le conduit à Marseille. Son fils Hercule l'accompagne, ainsi que trois de ses officiers.

A Narbonne, il est reçu par le cardinal Mazarin qui lui fait mille grâces, puis se dirige vers le camp royal établi devant Perpignan. Louis XIII l'accueille «avec les marques de la bienveillance la plus décidée» : Honoré se voit décerner l'ordre de Saint-Michel et le grand collier du Saint-Esprit. A peine sur le chemin du retour, on lui porte à Narbonne les lettres patentes qui érigent en sa faveur le Valentinois en duché-pairie tandis que son fils reçoit le marquisat des Baux, en Provence. Une galère royale le ramène de Marseille à Monaco. Ainsi la monarchie française ne le cède-t-elle en rien à l'espagnole quant à l'intérêt qu'elle manifeste pour Monaco et aux faveurs qu'elle veut réserver à ses princes.

Honoré est trop fin pour méconnaître que de tels avantages exigent d'être soutenus. Malgré la goutte qui l'accable, il va prendre à la fin de l'année le chemin de Paris. Le 19 février, il siège pour la première fois au Parlement de Paris où il est reçu en tant que duc et pair. A son retour à Monaco, il s'émerveille quand on lui annonce que le jeune Louis XIV se propose d'être le parrain du petit-fils — futur Louis Ier — qui vient de lui naître. Anne d'Autriche sera sa marraine.

Un affreux accident assombrira ce bonheur : son fils Hercule, qui s'exerçait au tir à Menton, reçoit d'un maladroit une balle de pistolet dans les reins. Il meurt le lendemain, dans sa vingt-huitième année.

Un palais des mille et une nuits

Dès lors, dans les projets comme dans les ambitions d'Honoré, son petit-fils remplace peu à peu le fils qu'il a perdu. C'est pour Louis autant que pour lui-même que le prince va passer tant d'années à assouvir sa passion des bâtiments.

Rien n'est trop beau pour son cher palais. Il y fait, entre le bord de la falaise et l'aile méridionale,

Voûte de la galerie d'Hercule décorée de fresques de style Renaissance.

créer des jardins à la française plantés d'orangers. Il change tout le mobilier : le goût français triomphe. A la mode du temps, Honoré dispose d'une volière et d'un cabinet de curiosités qui suscite l'enthousiasme du fameux voyageur Tavernier.

A la mort d'Honoré II, on dénombrera chez lui sept cents toiles de maîtres, parmi lesquels Titien, Raphaël, Corrège, Dürer, Rubens et bien d'autres.

Sur le Rocher, on joue maintenant la comédie, on règle des ballets, on accueille des poètes. Reçu par le prince de Monaco, l'abbé Godeau mande sur-le-champ à Madeleine de Scudéry qu'il s'est promené « dans un palais des mille et une nuits ».

Quant à Honoré, devenu podagre, il n'a plus qu'une idée en tête : bien marier Louis, son petit-fils. Surtout, le marier avec une Française.

V

Une épouse française

Superbe : le mot s'impose dès que l'on est confronté à l'un des portraits de Charlotte de Gramont. Le visage s'encadre de cheveux fauves. Des sourcils en larges arcs abritent d'immenses yeux sombres. De la bouche rouge cerise émane un sourire enchanteur. Le physique n'est pas tout : selon Donneau de Visé, Charlotte « a de l'esprit, elle écrit bien et l'on ne saurait rien dire d'elle qui ne lui soit avantageux ».

Comme la plupart des filles de haute naissance, elle a été élevée, faubourg Saint-Jacques, au couvent de la Visitation. Son caractère s'est forgé ailleurs : à l'hôtel de Soissons où son adolescence s'est écoulée au milieu des fameuses *mazarinettes*, nièces du cardinal, volière toujours enfiévrée de cris, de rires et de passions.

Telle se présente, à vingt ans, la fille du maréchal de Gramont, « créature faite pour l'amour et la volupté ». Il faut savoir — c'est important — que Charlotte aime. L'élu est l'un de ses cousins, de six ans plus âgé qu'elle, nommé Puyguilhem, que l'histoire consacrera sous un autre nom : Lauzun. Un petit homme blond, vif, méchant, spirituel, assoiffé d'honneurs, d'argent et de femmes. « S'étant trouvés tous deux très propres à avoir de violentes passions — ainsi les juge le regard aigu de Mme de La Fayette — rien n'était comparable à celle qu'ils avaient l'un pour l'autre. »

Or, un jour, le maréchal de Gramont, son père, daigne apprendre à Charlotte qu'elle va se marier. Serait-ce avec Puyguilhem ? Pas du tout. Le maréchal n'éprouve que dédain pour ce besogneux, tout capitaine qu'il soit de la première compagnie des gentilshommes à bec de corbin. Alors qui ? Louis de Monaco, qui porte le titre de duc de Valentinois. Il n'a que dix-sept ans trois de moins que Charlotte, mais : « Vous régnerez, Mademoiselle, sur Monaco. »

Le ciel lui tombe sur la tête.

Charlotte de Gramont (1639-1678) épouse du prince Louis Ier Grimaldi. (Peinture anonyme du XVIIe siècle, Palais princier)

Le prince héritier Louis Ier, petit-fils d'Honoré II Grimaldi. (École de Mignard, Palais princier)

Les larmes de Charlotte

Tout a commencé lors d'une visite que la maréchale de Guébriant, en 1646, a rendue à Honoré II. En stratège exercée de la vie des cours, elle l'a vivement encouragé à se rendre à Paris pour s'y faire connaître du roi et des grands. Il lui a obéi et n'a eu qu'à s'en louer.

A qui d'autre Honoré aurait-il pu confier son ultime obsession ? Comment, du haut de son Rocher, pourrait-il découvrir l'héritière idoine ? Il supplie Mme de Guébriant de le conseiller. En guise de réponse, elle court tout droit s'adresser au cardinal Mazarin.

Elle ne peut mieux faire. Mazarin connaît déjà Honoré et n'a pas oublié leur entretien, en italien d'ailleurs. Rien ne peut lui plaire davantage qu'une union propre à enraciner le prince de Monaco du côté français. Il formule son verdict : l'épouse idéale n'est autre que Charlotte de Gramont.

A l'annonce du parti qui lui est proposé, Honoré exulte. Charlotte n'est-elle pas fille d'Antoine, maréchal de France, duc et pair, prince souverain de Bidache,

Le Cardinal Mazarin fut l'artisan du mariage de Charlotte de Gramont avec le jeune Louis Ier. (Portrait attribué à Pierre Mignard. Palais princier)

vice-roi de Navarre et du Béarn, gouverneur de Pau ? Appréciée du jeune roi, Charlotte a ses grandes entrées à la cour. Elle pourra y introduire Louis qui ne sait rien de ces parages périlleux et, tout prince héritier qu'il soit, risquerait à dix-sept ans, sans guide ni initiateur, d'y paraître fort emprunté. Certes, la nature l'a doté de qualités indéniables. On lui voit « une figure douce, des yeux candides et beaux et une bouche d'enfant ». On loue son « cœur chaud et sans détour » , sa « culture réelle » , mais on s'inquiète un peu de la « timidité et de la gaucherie » qu'apportera avec lui un provincial qui, de sa vie, n'a mis le pied à Paris.

Louis de Monaco est-il au moins satisfait d'épouser Charlotte ? Peu importe. Son père la lui destine.

Charlotte ? Elle pleure. On lit dans les Mémoires de Mlle de Montpensier : « Monsieur de Valentinois était jeune, bien fait et grand seigneur, avec tout cela il ne plaisait pas à Mademoiselle de Gramont. » Celle-ci était « fort fâchée » de se marier. « La raison en était qu'il y avait quelqu'un qui lui plaisait davantage. »

Le maréchal et l'infante d'Espagne

Le maréchal de Gramont n'a mis qu'une condition à son acceptation : qu'Honoré cède à Louis ses droits sur le duché de Valentinois. Ainsi son gendre sera-t-il comme lui duc et pair. Honoré y a consenti, à condition — il faut savoir raison garder — que les revenus du duché lui soient conservés. On a discuté du montant de la dot que verserait le père de la jeune fille. On a fini par convenir de trois cent mille livres, somme que le maréchal ne possède pas. Le problème lancinant des grands de ce temps reste celui des liquidités. Mazarin prête une partie de la somme.

Honoré avait toujours pensé que le mariage serait célébré à Monaco. Il espérait faire admirer les beautés de son palais. Gramont s'y refuse obstinément : le mariage se fera chez lui, à Pau. Nulle part ailleurs.

Il ne reste apparemment plus qu'à fixer la date des noces que chacun espère proches. Erreur : les fiancés devront attendre plus d'un an. Honoré s'en désole. Pas Charlotte.

De ce délai, Mazarin est seul responsable. Considérant qu'il est grand temps de mettre fin à l'interminable conflit entre la France et l'Espagne, il a transmis à Madrid des propositions de paix encore secrètes auxquelles on a prêté vive attention. On est tombé d'accord sur ce qui concrétiserait le plus complètement cette paix : le mariage de Louis XIV avec l'infante Marie-Thérèse. Celui-ci aura lieu à Saint-Jean-de-Luz.

Dans les Pyrénées, les Gramont sont chez eux. Le maréchal, nommé ambassadeur extraordinaire de Sa Majesté Très Chrétienne, s'en va à Madrid demander la main de l'infante d'Espagne pour son maître. Dès le 23 juillet 1659, la maréchale et Charlotte font les honneurs de leur château de Bidache au cardinal Mazarin en route pour la frontière espagnole. Avant de se marier, Louis XIV tient à connaître les provinces méridionales de son royaume. Mazarin et Gramont ne le quittent pas au cours de son long périple. Or voici qu'apparaît, venant de Monaco, le duc de Valentinois.

On lui a fait savoir que le moment était opportun pour rencontrer à la fois le roi et son beau-père. Le 17 janvier 1660, Gramont et Louis entrent dans Aix-en-Provence à la suite du roi. Le 7 mars, le maréchal et son futur gendre franchissent la porte du château des rois de Navarre, à Pau, où des centaines d'ouvriers travaillent pour redonner à la demeure un éclat quelque peu perdu.

Le château de Pau
par Siméon-Fort.
(Château de Versailles)

Pour la première fois de leur vie, Louis de Monaco et Charlotte de Gramont se trouvent face à face. Une semaine plus tard, le maréchal peut écrire à Mazarin que «les dames sont tout à fait satisfaites de la personne et du procédé du duc de Valentinois qui s'est fort bien démêlé de tous ses compliments et bien mieux que je n'eusse cru». Il est clair que le maréchal n'en attendait pas tant.

Est-ce de ce temps que date l'exclamation de Charlotte dont les contemporains ont gardé la mémoire ?

— Je ne l'aime guère, il n'est point à la mode !

Mazarin offre une couronne

Le mariage est célébré le 30 mars 1660, au château de Pau. Selon *la Gazette*, les cérémonies se déroulèrent avec «de grandes magnificences». La veille, Mazarin a fait parvenir à Charlotte une somptueuse couronne. Chacun a pu remarquer que, fermée, elle était de celles que portent les souverains.

Deux mois plus tard, le maréchal de Gramont, ses fils et les nouveaux époux sont conviés aux noces de Louis XIV à Saint-Jean-de-Luz.

Qu'il le veuille ou non, Louis est entraîné par sa jeune femme dans le tourbillon de toutes les fêtes. Un témoin nous livre à cet égard une information à méditer : au grand bal de la cour, tranchant sur le roi et Monsieur jetés dans «leurs ébats au son des violons», Louis de Monaco ne danse pas. Charlotte, elle, ne manque naturellement pas une danse et l'abbé de Montreuil témoigne qu'elle en fut «la triomphatrice».

Quand ils rejoignent Paris, les Valentinois s'installent dans l'hôtel même du maréchal de Gramont dont ils occupent un étage entier. Charlotte est déjà enceinte. Beau prétexte pour Louis, la laissant seule à Paris, de galoper en célibataire vers Monaco où son grand-père, Honoré II, se montre ravi de cette arrivée «heureuse et improvisée[1]».

Louis passera près de lui trois mois et ne regagnera Paris que pour la naissance, le 25 janvier 1661, de son premier enfant : un fils qui régnera sous le nom d'Antoine Ier.

A peine relevée de ses couches, Charlotte se voit appelée auprès de Madame pour être «dans ses plaisirs». Madame est née Henriette d'Angleterre et elle a épousé Philippe d'Orléans — Monsieur — frère du roi. C'est le temps où un essaim de grandes dames, jeunes, jolies et pleines d'esprit, forment autour d'Henriette une véritable cour au sein de la cour. S'entremêlant avec les filles d'honneur de la reine, elles font naître de bien étranges situations, providence des mémorialistes et plus encore des romanciers. Dans tout l'éclat de sa jeunesse, Louis XIV découvre Mlle de La Vallière.

Au printemps de 1661, alors qu'une nouvelle grossesse de Charlotte s'annonce à peine, le duc de Valentinois est reparti pour Monaco. Charlotte reste

Le mariage de Louis XIV et de Marie-Thérèse d'Autriche (détail) par Laumosnier, XVIIe siècle. (Le Mans, musée Tessé)

*Henriette
d'Angleterre tenant
entre ses mains le
portrait de son
mari, Philippe
d'Orléans, frère de
Louis XIV.*
(Peinture de Pierre
Mignard, Château de
Versailles)

seule pour affronter à Fontainebleau le tourbillon de plaisirs dont la cour, cet été-là, sera le théâtre. C'est le temps où le comte de Guiche, frère de Charlotte, à qui Monsieur montre tant d'attachement, tombe si amoureux d'Henriette, son épouse, qu'il se voit contraint à l'exil. Charlotte avait déconseillé à son frère de telles amours — trop périlleuses — mais son attachement pour Guiche est tel qu'elle le défend bec et ongles : « L'emportement de cette dame, témoigne Mme de Motteville, lui fit faire mille intrigues pour le retour de son frère, et même lui fit faire quelques railleries contre le respect qu'elle devait à la reine mère. » La suite n'est pas sans intérêt : « La reine mère la fit éloigner. »

Une petite phrase qui donne tout son sens au départ obligé auquel, l'automne de 1661 venu, Charlotte va bien devoir se résoudre.

Charlotte sur le Rocher

Elle est alors enceinte d'un peu plus de six mois. Sa décision de rejoindre son mari fait au moins un désespéré : Puyguilhem. Ce fol va suivre en cachette le cortège de ses amours. Il se cache tant bien que mal, déguisé en marchand ou en postillon, « de toutes les manières qui le pourraient rendre méconnaissable à ceux qui étaient à elle ». A aucun moment il ne parvient à approcher sa cousine. Celle-ci supporte mal les fatigues d'un si long et si pénible voyage. A ce point que, parvenue en Avignon, elle court le risque de perdre son enfant. Les médecins l'obligent à s'aliter au palais des Papes. Un messager galope jusqu'à Monaco et Louis s'élance aussitôt vers Avignon où il trouve son épouse hors de danger. Le couple reprend la route. Puyguilhem, perdant tout espoir de suivre plus loin Charlotte, doit rebrousser chemin. On gagne Toulon où une galère française emporte le couple vers « leur » Rocher.

Il était temps : Honoré II agonise. Louis et Charlotte sont à son chevet, le 10 janvier 1662, lorsqu'il meurt, faisant de son petit-fils son successeur et héritier : Louis Ier, prince de Monaco.

Ne nous voilons pas la face : Charlotte a cru périr d'ennui à Monaco. Au palais, elle n'a trouvé pour compagnie que deux sœurs de Louis Ier, Marie-Thérèse, douze ans, et Marie-Pelline, onze ans. Elle qui aime tant les propos légers et les confidences très libres — «elle ouvre assez son cœur sur les chapitres même les plus délicats» , écrit Mᵐᵉ de Sévigné —, la voici quasiment réduite au silence. Elle met régulièrement des filles au monde : Jeanne-Marie en 1662, Thérèse-Marie en 1663, Anne-Hippolyte en 1664.

Le palais des Papes à Avignon, où Louis Iᵉʳ retrouva son épouse souffrante.

« Mon territoire est si petit ! »

A Louis de Monaco on devra un acte important : il fera publier les *Statuts de la Principauté*, appelés également Code Louis, quatre livres qui traitent aussi bien des matières civiles, criminelles, que de police et de droit rural. Le Code Louis présente, sur le plan pénal, une originalité remarquable : il supprime la plupart des supplices et châtiments corporels en usage ailleurs. Ce qui a permis à certains d'affirmer que Louis Iᵉʳ s'était « élevé au-dessus de son siècle ».

Par ailleurs, il accorde tous ses soins au palais. Il fait percer sur la place la porte principale que l'on voit toujours.

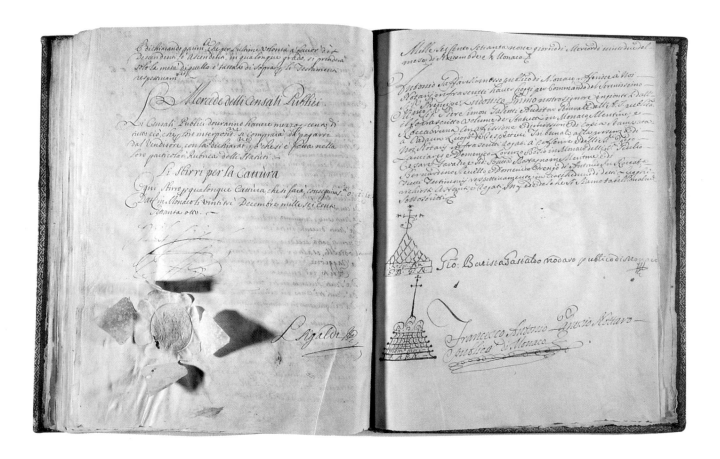

*On a donné
le nom de
« Code Louis » aux
statuts de la
Principauté rédigés
sous Louis Iᵉʳ.*
(Archives du Palais
princier)

On lui doit aussi, dans la cour d'honneur, l'élégant escalier à double révolution, visiblement inspiré de celui du château de Fontainebleau.

Il emmène de temps à autre son épouse à Menton. Il n'est pas sûr que ces séjours lui aient fait, justement, oublier Fontainebleau.

Éloignée des tentations parisiennes, elle a repris des habitudes de piété dont aucune femme de ce temps ne s'éloignait définitivement. Elle crée à Monaco un établissement de religieuses où les jeunes filles trouveront l'éducation que, jusque-là, elles devaient aller chercher fort loin. En souvenir de son enfance chez les visitandines, c'est à des religieuses de cet ordre qu'elle s'adresse. Le couvent s'installe à l'est du Rocher. Il existe encore aujourd'hui, transformé en lycée.

La perception du droit de mer a toujours obsédé les Grimaldi. Louis innove : il porte à plus de trente milles en mer la distance où l'on percevra les taxes. Un arrêt du Conseil d'État interdit provisoirement la perception de ce droit. Louis ne s'en émeut pas. Il explique :

— Mon territoire est si petit qu'il faut bien que je me garantisse un peu du côté de la mer !

Ce qui ne convainc nullement le Conseil d'État. Est-ce réellement pour plaider sa cause que Charlotte, en mars 1665, persuade son mari de la laisser partir pour Paris ? Si tel a été l'argument avancé, Louis a-t-il été dupe ?

*La chapelle de
l'ancien couvent de
la Visitation fondé
par Charlotte de
Monaco au XVIIᵉ
siècle.*

Louis Ier et
Charlotte, le
premier peint par
François de Troy,
la seconde par
Sébastien
Bourdon.
(Palais princier)

Le marquis de
Puyguilhem
(1633-1723) est
plus connu sous le
nom de duc de
Lauzun, titre qui
lui revint en 1692.
(Peinture de Lely,
collection privée)

Louis XIV regarde ailleurs

Elle retrouve Madame — avec quel bonheur ! — à Saint-Cloud et à Villers-Cotterêts. On ne parle plus des raisons qui avaient fâché la reine mère. Est-il possible que quatre années aient passé ? Le roi, toujours jeune, toujours beau, règne sur la même cour, « fière, libertine et voyageuse ». La Vallière est toujours favorite en titre mais Sa Majesté commence à regarder ailleurs. Charlotte ne peut se méprendre long-temps sur l'intérêt qu'elle inspire. Puyguilhem non plus.

Il est toujours là, Antonin Nompar, marquis de Puyguilhem, tel que Saint-Simon l'a campé pour l'éternité, « plein d'ambition, de caprices, de fantaisies, jaloux de tout, voulant toujours passer le but, jamais content de rien, sans lettres, sans aucun ornement ni agrément de l'esprit, naturellement chagrin, solitaire, sauvage, fort noble dans toutes ses façons, méchant et malin par nature ». De retrouver Charlotte l'a porté au comble de la joie. Cela n'a guère duré : les entretiens que sa cousine multiplie avec le roi semblent devenir si intimes que Puyguilhem laisse, devant Louis XIV, éclater sa mauvaise humeur. Le roi fronce le sourcil et lui ordonne « d'aller voir en Béarn si son régiment de dragons est en état ». Puyguilhem affecte de n'avoir pas entendu et court chez Charlotte où, furieux, il brise son miroir. Il trouve en rentrant chez lui un ordre du roi qui l'envoie coucher à la Bastille. Il y restera six mois. Le temps de méditer une vengeance : elle sera cuisante.

Le 18 mai 1666, il y a jeu à la cour. Il fait chaud. Les dames sont assises par terre, Charlotte comme les autres et s'appuyant d'une main sur le plancher. Puyguilhem s'avance parmi elles à grandes enjambées, pose comme par mégarde l'un de ses hauts talons sur la main de Charlotte, puis fait volte-face, vrillant ainsi le talon sur la main. La princesse éclate en pleurs et accuse hautement Puyguilhem. Louis de Monaco et les Gramont vont-ils vouloir tirer vengeance du marquis ? Louis XIV ne veut, entre les grands, aucune dissension. On fait savoir discrètement à Louis de Monaco qu'il aurait avantage à gagner Paris. Il accourt et, à peine dans la capitale, cherche à se

En 1666, Louis Ier et son beau frère, Guiche, se battirent avec courage dans l'escadre hollandaise. (Combat naval du Texel, en mer du Nord, par Jean-Baptiste Isabey)

concerter avec Guiche, le seul de sa belle-famille pour lequel il ressent de l'amitié. Guiche est à La Haye, Louis s'y précipite. Les deux beaux-frères se mettent d'accord pour jouer l'ignorance. Guiche est alors volontaire dans l'escadre hollandaise. Conséquence imprévue d'une infortune conjugale, la perspective d'en découdre à ses côtés échauffe tout à coup Louis Ier.

La flotte des Pays-Bas lève l'ancre pour affronter la flotte anglaise commandée par Monk. On se retrouve ensemble à bord du *Duivenwoore*. La bataille s'engage au large de Dunkerque et dure quatre jours. Guiche et Monaco se battent aussi hardiment l'un que l'autre. Leur navire prend feu, ils refusent de le quitter. Quand l'incendie finit par dévorer le pont, les mâts et tout le reste, ils jettent leurs habits et, vêtus d'un simple caleçon, sautent à la mer. Un autre navire les recueille. Le combat recommence de plus belle. Guiche et Monaco font merveille jusqu'au moment où le bateau coule. On les repêche tous les deux. Toujours revêtus de leur seul caleçon, ils sont conduits à l'amiral Ruyter qui les félicite et les rhabille.

Monaco-Cavalerie

Le duc de Saint-Aignan, qui peut se targuer de l'amitié du roi, mande à Louis : « La belle action que vous fîtes au premier combat des Hollandais contre les Anglais me charma. Je fus ravi de la manière dont on en parla à la cour. » Voilà qui va définitivement donner au prince de Monaco le goût des armes.

*Louis Ier se battit
également devant
Lille, en 1667, aux
côtés de Louis XIV.*
(*Prise de Lille par
Louis XIV.* Tapisserie
du XVIIe siècle, Château
de Versailles)

Le 15 mars 1667, s'ouvre la guerre de Dévolution. Nommé mestre de camp, Louis lève un régiment, le Monaco-Cavalerie. Il est au siège de Lille puis à la prise d'Alost et aux combats jusqu'à l'achèvement de la campagne. Il participe, au printemps 1668, à la nouvelle campagne et ne licencie son régiment qu'à la signature de la paix d'Aix-la-Chapelle.

Quand il repart pour le Rocher, il n'est pas seul. Charlotte l'accompagne. En fait, elle semble n'être plus en cour auprès de Madame, et pas davantage auprès de Monsieur. On parle trop de la liaison qu'elle aurait nouée avec le chevalier de Lorraine. Le duc d'Orléans, dont le chevalier a été l'un des favoris de prédilection, n'a pas dû considérer un tel événement avec plaisir. Pas plus d'ailleurs que Madame. Ils ne reviendront à Paris qu'au printemps de 1670, et pour la plus triste des raisons : Madame vient de mourir, avec une promptitude qui a épouvanté la cour tout entière. Le désespoir de Charlotte est à la mesure de l'attachement qu'elle avait voué à la jeune princesse. Il lui semble que Paris n'est plus Paris, que la cour ne ressemble plus à rien de ce qu'elle a connu. Louis XIV se consacre à Mme de Montespan. Puyguilhem, devenu duc de Lauzun, agrée non sans fatuité la passion tumultueuse de

*Le palais
Grimaldi à Gênes.*
(Gravure du XVIIe siècle.
Archives du Palais
princier)

Facciata del Palazzo della Casa Grimaldi, nella Città di Genova

la Grande Mademoiselle, cousine germaine du roi. Le chevalier de Lorraine se morfond en exil.

Recrue d'amertume et de tristesse, Charlotte ne regimbe pas à regagner Monaco au printemps de 1671. Là, probablement née d'une saignée mal exécutée, une cruelle maladie fond sur elle : son bras gonfle au-delà de l'imaginable et elle ne peut plus se servir que d'une main. Cela dure des mois.

Au printemps de 1672, la guerre reprend en Hollande. Le prince remet sur pied son régiment de cavalerie, participe à toute la campagne et manque se noyer en sautant à cheval un fossé de la place de Wessel.

On retrouve Charlotte à Pau, en juin, où elle rejoint son père qui préside les états de Béarn. Les époux n'ont sauvé que les apparences. Jamais plus ils ne vivront ensemble.

Ils paraissent avoir déjà tant fait que nous nous étonnons de l'âge qu'ils ont atteint au moment de leur séparation : lui trente ans, elle trente-trois.

« Ma fille, il faut plier bagage »

A Paris, Charlotte découvre une nouvelle Madame. Monsieur n'a paradoxalement pas supporté son veuvage. On l'a marié à Élisabeth-Charlotte, fille du prince-électeur du Palatinat. Elle est laide mais avec une verve infinie : « Ma taille est monstrueuse de grosseur ; je suis aussi carrée qu'un cube ! »

Curieusement, la seconde Madame prend bientôt en affection Charlotte de Monaco. Cette faveur va même si loin que, ayant obtenu du roi de disposer d'une surintendante, la Palatine choisit la princesse de Monaco.

En 1673, Charlotte traverse un nouveau chagrin : son frère, devenu duc de Guiche, est mort. Elle souffre toujours atrocement du bras. Mᵐᵉ de La Fayette cancane avec Mᵐᵉ de Sévigné sur son maquillage sans cesse plus épais. Le jour vient où elle ne peut plus quitter son lit.

Au mois de mai 1678, partant pour Bayonne, le maréchal de Gramont vient faire ses adieux à sa fille. Il n'y va pas par quatre chemins : « Ma fille, il faut plier bagage, votre frère est allé marquer les logis[1] et moi-même je vous suivrai bientôt ! » Charlotte envoie quérir le père Bourdaloue. Elle se confesse longuement, communie, fait son testament et, « avec une fermeté admirable ne parla plus de la mort ». Elle ferme les yeux le 4 juin. Mᵐᵉ de Sévigné mande à Bussy-Rabutin que la défunte a été « défigurée avant que de mourir. Son dessèchement a été jusqu'à outrager la nature humaine par les dérangements de tous les traits de son visage ». La suite est une flèche du Parthe : « Mᵐᵉ de Monaco, en mourant, n'avait aucun trait ni aucun reste qui pût faire souvenir d'elle. C'était une humiliation si grande pour elle que, si Dieu a voulu qu'elle en ait fait son profit, il ne lui faut point d'autre pénitence. Elle a eu beaucoup de fermeté. Le père Bourdaloue dit qu'il y avait beaucoup de christianisme : je m'en rapporte. »

VI

Le mariage Matignon

L'hiver de 1675-1676, il n'a été bruit à Londres que du prince Louis de Monaco. Pourquoi s'attardait-il si longtemps au pays des brouillards alors qu'il pouvait vivre heureux au soleil parmi les mimosas en fleur et les orangers ployant sous les fruits ? L'explication ne s'est pas fait attendre : le prince se montrait tout occupé de l'incandescente Hortense Mancini, duchesse de Mazarin, laquelle avait fui un époux atrabilaire pour se réfugier à la cour de Charles II. Louis Ier jurait l'aimer à la folie, mais nous avons à redouter qu'elle se soit moquée de lui.

Éclairé enfin sur les sentiments d'Hortense, il va, sans montrer trop d'amertume, rejoindre son Rocher. Ceux qui passent par la principauté découvrent dorénavant un homme d'intérieur, voué sagement à l'administration de son domaine et à l'éducation de ses enfants. Antoine, l'aîné, est maintenant un homme dont la taille ne cesse de provoquer l'étonnement.

Comme les nécessités d'un grand seigneur l'obligent à se réchauffer régulièrement aux rayons du Roi-Soleil, Louis quitte de temps à autre Monaco pour Versailles où il a acquis, face au château, un somptueux hôtel particulier qu'il appelle son « Pavillon ». A Paris, sur la paroisse Saint-Sulpice, il s'est également donné un hôtel. Quand il vient faire sa cour, Louis XIV lui réserve un accueil empressé et l'invite souvent — faveur extrême — à l'accompagner à Marly.

Il ne reste à Louis qu'une seule ambition : être reconnu prince étranger. Ne bénéficient d'un tel statut que de rares familles, comme les Lorraine et les Bouillon, qui ont le pas sur les ducs et pairs. Il faudra dix ans à Louis pour gravir cette marche suprême de son élévation. Il n'y parviendra qu'à l'occasion du mariage de son fils Antoine avec Marie de Lorraine, fille du comte d'Armagnac, grand écuyer de France.

Hortense Mancini, nièce de Mazarin fut aimée de Louis Ier.
(Palais princier)

En haut :
Les armes d'Antoine Ier et de Marie de Lorraine.
(Cathédrale de Monaco)

Antoine dit Goliath

Hyacinthe Rigaud, lorsqu'il peindra Antoine, le montrera gigantesque, la tête enfermée dans l'énorme perruque bouclée mise à la mode par le Roi-Soleil et le bâton de commandement brandi devant la cuirasse rutilante qui l'enveloppe. En 1688, époque où on le marie, il est, à vingt-sept ans, colonel du régiment

Page de gauche :
Antoine Ier (1661-1731) par Hyacinthe Rigaud.
(Palais princier)

d'infanterie du Soissonnais à la tête duquel l'a nommé Louis XIV. Quant à Marie de Lorraine, qui n'a pas encore atteint quinze ans, elle est fort belle mais «galante, sans esprit ni conduite».

Une fois de plus, Saint-Simon dit tout en peu de mots : «Son mari, avec beaucoup d'esprit, ne se sentait pas le plus fort. »

Antoine se bat en Allemagne et dans les Flandres. On le voit à Fleurus. Pendant toute la campagne de 1690, Louis, père affectueux et attentif, lui écrit tous les deux ou trois jours. Relativement à la jeune Marie de Lorraine, Louis ne cache pas son inquiétude : «Quant à votre femme, j'en viens toujours pour l'excuser à votre égard à son extrême jeunesse. Votre malheur provient entièrement de ce que vous n'êtes pas bien dans l'esprit de Mme d'Armagnac... » Autrement dit : la faute est à votre belle-mère.

Quand Marie met au monde une fille, Catherine-Charlotte, les liens conjugaux ne s'en resserrent pas pour autant et Louis se montre déçu : «Une fille, ce n'est pas un grand régal dans notre maison... » Quant à la jeune mère, relevée de ses couches et toujours loin de son mari, elle se montre, selon Mme de La Fayette, «plus coquette à elle seule que toutes les femmes du royaume ensemble».

En 1692, cependant qu'Antoine assiège Namur, Louis invite sa bru à le rejoindre à Monaco. Elle n'y vient pas de bon gré. Il faut que Louis XIV fasse savoir qu'il trouvera satisfaction à ce voyage : c'est un ordre. « Elle se désola et ses parents aussi, comme si on l'eût menée aux Indes» : le lecteur a reconnu la prose sans pareille de Saint-Simon.

Antoine est gravement blessé devant Namur. A cette nouvelle, Marie s'évanouit et Louis s'en montre touché : tout ne serait donc pas perdu pour le ménage ? La blessure à peine guérie, Antoine parle déjà de la nouvelle campagne. Il tient absolument à y participer. Il faudra donc que son épouse demeure sur le Rocher. Marie croit s'évanouir une seconde fois. Elle a pris la principauté en horreur et elle regarde son mari «comme s'il eût été transparent». Un comble, quand on sait que la haute stature d'Antoine l'a fait surnommer Goliath par ses amis.

Le siège de Namur, auquel prit part en 1692 le prince héritier Antoine, fils de Louis Iᵉʳ.
(Peinture de J.-B. Martin dit Martin des batailles, musée de l'abbaye de Chaalis)

Louis Ier en accusation

Pour quitter le Rocher, Marie prend le parti de se rendre odieuse. Son mari a droit à des scènes effroyables. « Elle obtint son retour, dit Saint-Simon. Je ne sais qui fut son conseil mais, sans changer de conduite, elle songea au moyen de se garantir de retourner à Monaco et, pour cela, fit un éclat épouvantable contre son beau-père qu'elle accusa non seulement de lui avoir conté, mais de l'avoir voulu forcer. » Accusation peu vraisemblable : « M. de Monaco n'était plus jeune, il était fort honnête homme et avait toujours passé pour tel... L'éclat ne fut pas moins grand de sa part et de celle de son fils contre une si étrange calomnie, et la séparation devint plus forte que jamais. »

Nous respirons quand nous découvrons que le pauvre Antoine, fort amateur de théâtre et de danse, a pu se consoler avec une certaine Élisabeth Dufort-Babé qu'il a connue dans les coulisses. Elle lui a même donné un fils, baptisé Antoine comme lui : créé chevalier de Grimaldi, il administrera la principauté pendant un demi-siècle. Antoine évoquera cela avec quelque nostalgie : « Petit ménage dans la petite rue Saint-Roch... Je me trouvais très bien et très à mon aise, ma foi. »

Marie de Lorraine (1674-1724), épouse d'Antoine Ier.
(École française du XVIIIe siècle, Palais princier)

Un seul événement aura pu plonger dans la même douleur le couple désuni : leur fille unique Catherine-Charlotte meurt, n'ayant pas encore atteint six ans. Pour Louis Ier, le chagrin — réel — se double d'angoisse. Si Antoine et Marie ne procréent pas de nouveau, les Grimaldi n'auront pas d'héritier. Toujours perclus, le cher homme se résout à venir à Paris où il remue ciel et terre pour obtenir un rapprochement entre son fils et sa bru. On remonte jusqu'au roi, lequel fait savoir qu'il apprécierait que Mme d'Armagnac oubliât ses griefs et réunît sa fille à son mari. La belle-mère doit céder et conduire sa fille, telle une nouvelle Iphigénie, chez le duc de Valentinois. Saint-Simon : « Mme de Valentinois y soupa, y coucha, et qui pis fut, y demeura. »

Le 10 novembre 1697, Marie de Lorraine donne naissance à une nouvelle fille, Louise-Hippolyte. Aussi peu croyable que cela puisse paraître, le ménage sera, pendant quinze ans, « sinon très heureux du moins sans histoire ».

Ses chevaux étaient ferrés d'argent

La grande affaire, à la cour de Louis XIV, est désormais la succession du roi d'Espagne, décédé sans héritier. Seul un prince français, estime le Roi-Soleil, peut prétendre à cette couronne. La délicate partie diplomatique qui s'engage se doit de tenir compte de la personnalité du successeur de saint Pierre. Or Innocent XII a quatre-vingt-quatre ans. D'où la nécessité d'un ambassadeur français qui saura, en cas d'élection d'un nouveau pape, en imposer au collège des cardinaux.

Le choix de Louis XIV laisse abasourdie toute la cour de France : Louis Ier de Monaco, bientôt sexagénaire, est expédié à Rome avec recommandation de donner à son ambassade « le plus grand retentissement possible ».

Malgré la goutte qui le paralyse, Louis Ier n'est pas homme à se dérober. Pour orner l'ambassade de France à Rome, il dépouille le palais de Monaco de ce qui s'y trouve de plus précieux : tapisseries, tentures, tableaux, meubles, argenterie. Il emprunte. On parlera pendant des décennies de son entrée dans Rome, le 27 juin 1700, avec cent carrosses à six chevaux. Lorsqu'il se rend à la première audience publique que lui accorde Innocent XII, leur nombre se monte à trois cents et il est accompagné de soixante-dix-sept prélats, quatre-vingt-quinze chevaliers romains, quarante chevaliers français ! Il a donné l'ordre de munir les chevaux de son

carrosse de fers en argent massif ne tenant que par un seul clou. Ainsi peuvent-ils se détacher facilement pour être offerts à l'enthousiasme des Romains.

Innocent XII passe de vie à trépas au moment où l'on ouvre le testament de Charles II d'Espagne qui désigne le duc d'Anjou comme héritier. Versailles ordonne à Louis de soutenir la candidature du cardinal Albani. Le 23 novembre, celui-ci est élu à l'unanimité : mission accomplie.

L'action diplomatique, les intrigues, les contretemps, tout cela a eu raison des forces de Louis. Il doit s'aliter. En peu de jours, son état empire. Dans la nuit du 2 au 3 janvier 1701, il ferme les yeux pour la dernière fois. M. de La Bussière, présent lors de son agonie, témoignera : «On n'a jamais vu seigneur plus honnête ni plus engageant : par ses manières, il enchantait tous les Romains. C'était le plus beau parleur et le plus éloquent dans l'une et l'autre langue qui ait jamais été, avec un esprit des plus pénétrants et qui avait un véritable zèle pour le service du roi.» Pouvons-nous oublier que Louis Ier, prince de Monaco, est mort à ce service ?

Election du pape Clément XI.
(Gravure du XVIIIe siècle, Paris, Bibliothèque nationale)

« Dolce vita » pour Antoine Ier

Antoine, duc de Valentinois, est à Paris quand la nouvelle lui parvient. Il a quarante ans. Il part aussitôt pour le Rocher où il ne lui faut guère de temps pour découvrir que son père lui a laissé une situation financière désastreuse. Les embellissements du palais, les prodigalités de toutes sortes, les folles dépenses de l'ambassade de Rome, l'énorme dot que Louis a dû verser à sa fille Anne-Hippolyte lors de son mariage avec le duc d'Uzès, tout cela a vidé les caisses de la principauté. Antoine, à qui Marie de Lorraine n'a apporté en revanche que des espérances, se trouve lui-même très endetté. Que faire sinon se réfugier dans le seul asile qui lui reste : Monaco ? Antoine n'est pas parti seul. Marie l'accompagne. Elle porte désormais sa capacité d'aimer — qui était grande — vers ses enfants. Trois sont vivants et deux à venir : toutes des filles.

Double page
précédente :
*Vue sur l'oreillon
du Fort Antoine,
construit en 1709
par Antoine Ier.*

*La famille du
prince Antoine Ier.*
(Copie anonyme
d'après Carle Van Loo,
Palais princier)

Pauvre palais ! Il faudra des mois pour obtenir que ce qui a été transporté à Rome regagne le Rocher. Peu à peu, on comblera les brèches du trésor monégasque. Les choses rentreront dans l'ordre. Le prince et la princesse ne vivront qu'à Monaco et pour Monaco.

La guerre de Succession d'Espagne désole l'Europe. La principauté est menacée. Antoine multiplie les efforts pour mettre la place à l'abri. Il fait édifier le Fort Antoine, aménager un casernement souterrain pourvu d'une citerne. Sur l'une des portes monumentales qui ferment la rampe par laquelle on accède au Rocher, on peut lire : « Antoine Ier, après avoir fortifié l'entrée du port, a rendu la forteresse inaccessible à l'ennemi en escarpant le roc. Il a construit des souterrains sûrs, cette porte, et la suivante et le pont à bascule, en 1714[1]. »

Ce qui manque le plus à Antoine, ce sont les théâtres de Paris et leurs coulisses. Sa seule passion, désormais, est la musique. D'année en année, il acquiert un

nombre incroyable de partitions et conserve comme une relique une canne ayant appartenu à Lulli. Tout le monde au palais chante ou joue d'un instrument. Antoine ira jusqu'à faire venir sur son Rocher une troupe de chanteurs, un orchestre et un corps de ballet. « Nous musiquons du matin au soir, mandet-il à son cousin le marquis Doria, et les journées nous paraissent courtes. O dolce vita ! »

La rampe Major, que surplombe l'échauguette édifiée par Antoine Ier pour protéger l'accès au Palais princier.

Qui épousera Louise-Hippolyte ?

Un seul souci pour Antoine : il n'a pas eu de fils légitime. Il ne lui reste qu'à se mettre en conformité avec le testament de Claudine et les dispositions prises par Jean Ier. Donc, découvrir un mari qui consente, en épousant Louise-Hippolyte, à annuler sa propre identité pour devenir Grimaldi. Toujours l'inattendu arrive : ce sont les Lorraine Armagnac qui vont trouver le gendre idéal. Il s'agit de Jacques-François de Goyon, sire de Matignon, comte de Torigni.

Les Matignon appartiennent à l'une des meilleures familles françaises non ducales. Le maréchal de Matignon a porté l'épée de connétable au sacre d'Henri IV. Quant à la fortune, elle est considérable, appuyée sur d'immenses terres en Normandie.

Jacques de Matignon a vingt-cinq ans. Mince et élancé, avec un fin visage intelligent, on comprend que son épouse se soit émue en considérant l'un de ses portraits : « Vous me demandez si je regarde votre portrait : je vous assure, cher Grison*, que je n'ôte point de tout le jour mes yeux de dessus et je vous y trouve bien ressemblant et très aimable et reconnais bien mieux mon Grison dans celui-là que dans celui de Largillière[1]... » Les pères jésuites ont donné à Jacques de Matignon une solide formation classique et sa carrière militaire se révèle déjà bien remplie. Pourvu, dès sa treizième année, d'un régiment d'infanterie, il ne cesse de combattre tout au long de la guerre de Succession d'Espagne. L'année même où l'on songe à lui pour épouser Louise-Hippolyte, il a obtenu du roi la transmission par son père des gouvernements de Cherbourg, de Granville et de l'Ile Chausey. Mestre de camp au Royal-Étranger en 1710, il est lieutenant général de Normandie depuis 1713.

Reste le point le plus délicat : le comte de Matignon acceptera-t-il de devenir Grimaldi ? Louis XIV intervient à point nommé en autorisant Antoine à transmettre à son gendre le duché de Valentinois. Au cas — improbable — où Antoine aurait un

* Le surnom de Grison a été donné à Jacques de Matignon par Antoine Ier, du fait de ses cheveux prématurément gris.

fils, celui-ci reprendrait la dignité de duc et pair. Évoquant l'épisode, Saint-Simon fait naturellement feu des quatre fers, jurant qu'il n'a rien existé « de plus monstrueux ». Le 20 octobre 1715, sept semaines après la mort du Roi-Soleil, le nouveau duc de Valentinois épouse Louise-Hippolyte. Voilà Antoine Ier au comble du bonheur.

« Goliath » est devenu obèse et pratiquement impotent. Au palais de Monaco, pour rejoindre ses appartements, il a fait aménager en bas de l'escalier un fauteuil qui le hisse aux étages par le moyen de ressorts et de contrepoids. Malgré ses infirmités, il aime toujours autant la vie et adresse à la princesse d'Isenghien, sa fille, quelques lignes significatives :

« Le carnaval est, dit-on, le temps ordinaire de la folie ; je crains que tu me dises qu'il dure chez moi toute l'année. Je mourrai comme j'ai vécu, toujours fou ; mais la joie dans le cœur est le seul adoucissement à mes incommodités sur lesquelles il faut bien que je m'étourdisse. »

Antoine aura vécu assez longtemps pour voir grandir son petit-fils Honoré, fils de Louise-Hippolyte et Jacques de Matignon. Tranquille et toujours heureux, il meurt sur son Rocher, le 20 février 1731.

Louise-Hippolyte règne dix mois

L'image que nous gardons de Louise-Hippolyte — trente-quatre ans lorsqu'elle règne sur Monaco — est toute de finesse et de charme. Bien qu'elle n'eût aperçu son époux que quelques jours avant leur mariage, elle en est aussitôt devenue amoureuse. Grande nouveauté dans la famille de Monaco, si l'on songe à Charlotte de Gramont et Marie de Lorraine !

Le rêve de Louise-Hippolyte était de vivre auprès de son époux sans que celui-ci la quittât jamais. Elle sera cruellement déçue.

Louise-Hippolyte se révèle en quelque sorte la Pénélope de la dynastie : elle aime son mari, supporte ses absences, attend son retour. Ce qui ne l'empêche pas de mettre au monde huit enfants. Elle en perd deux avant qu'ils n'aient six mois. Calculons : cela fait une grossesse tous les dix-huit mois.

Les sentiments réels de Jacques vont se dévoiler lors de la mort d'Antoine. Selon la loi successorale, il ne devrait pas régner conjointement avec sa femme, mais tout prouve qu'il supporte mal cette perspective. Quand, le 4 avril 1731, Louise-Hippolyte quitte Paris avec son jeune fils Honoré, comte de Torigni — onze ans — Jacques ne l'accompagne pas. Après onze jours de voyage, la nouvelle princesse de Monaco est accueillie sur le Rocher avec les honneurs dus à un prince régnant. On tire le canon, ce qui a pour effet, écrit-elle à son époux, de briser quelques vitres du palais.

Monaco au début du XVIIIᵉ siècle, gravure par Dujardin. (Archives du Palais princier)

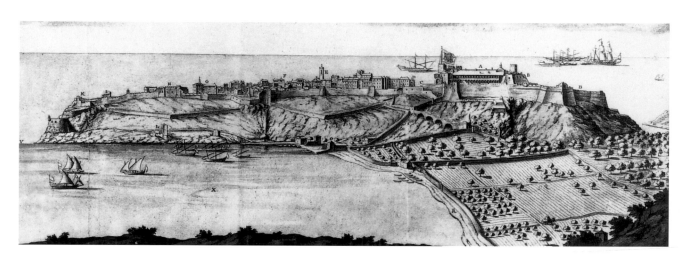

Le jour où il la rejoint, le mécontentement de Jacques est déjà très vif : que ne l'a-t-elle attendu pour exercer le pouvoir ? Quand il s'aperçoit qu'elle a reçu de ses sujets le serment de fidélité et que le nouvel « auditeur général », ainsi que les principaux fonctionnaires de la principauté, l'accueillent — lui — avec une réserve marquée, sa colère éclate et ne s'apaisera pas jusqu'à la fin de son séjour, trois mois plus tard. Louise-Hippolyte a beau lui écrire, il ne répond plus. Le 2 novembre, il se départ de son silence pour lui adresser, non sans hargne, l'article d'une gazette publiée à La Haye, *Le Glaneur*, affirmant que la princesse l'avait délibérément dupé.

« Ma douleur est extrême, répond Louise-Hippolyte que l'on sent sincèrement touchée, et tout ce qui me la fait supporter est l'espérance où je suis que c'est un premier mouvement qui vous a fait écrire, ne pouvant jamais me persuader que mon Grison ait oublié et ma façon de penser, et ma tendresse pour lui. » Peine perdue : son époux lui mande — par l'un de ses secrétaires ! — que désormais il ne veut plus entendre parler d'elle.

La fatalité a voulu que ce message ait été le dernier qu'elle ait reçu de lui. Une attaque de petite vérole fond sur la principauté. Louise-Hippolyte découvre bientôt qu'elle en est atteinte. Le 29 décembre de la même année 1731, elle y succombe. On peut se demander si Jacques a pu lire sans émotion les lignes ultimes, datées du jour même de sa mort, que lui a adressées son épouse : « Je reçois comme je dois l'arrêt de votre part et quoique je ressente très vivement, permettez-moi de vous le dire, le procédé que vous avez avec moi, je saurai le supporter sans me plaindre de vous et continuerai toujours à vous demander de vos nouvelles et vous en donner de celles de votre fils qui est, Dieu merci, en parfaite santé... Je finis en vous réitérant toutes les assurances de mon attache-ment et de ma tendresse, lesquels ne changeront jamais... »

La nombreuse famille de Louise-Hippolyte et de Jacques Ier. (Palais princier)

VII

Le séisme

A peine a-t-il appris la mort de sa femme que Jacques de Matignon, qui avait montré tant de dédain à l'égard de Monaco, y accourt. Les juristes de la principauté se sont prononcés : rien n'empêche que Jacques Ier soit reconnu prince souverain.

Son règne sera plus court encore que celui de sa femme.

Les obstacles se multiplient sous ses pas. Or il n'est pas l'homme des difficultés. Le 20 mai 1732, il nomme gouverneur général de Monaco le chevalier de Grimaldi — le fils bâtard d'Antoine Ier — et part retrouver son cher hôtel de Matignon qu'il a, avec tant de bonheur, empli d'œuvres d'art, et son château de Torigni-sur-Vire, en Normandie, où la vie lui est si délicieuse.

Quelques mois encore et il abdique en faveur de son fils. Il reparaîtra une dernière fois à Monaco, en mai 1734, pour présenter Honoré — quatorze ans — à ses sujets.

On voit Honoré III mousquetaire à cheval à l'âge de seize ans, lieutenant en second deux ans plus tard. Le régiment de Monaco est de toutes les batailles. Honoré s'empare de six canons à Fontenoy. A Lawfeld, un cheval est tué sous lui. Louis XV lui manifeste sa satisfaction en l'élevant au grade de maréchal de camp et — pourquoi pas ? — à celui de capitaine-gouverneur de la garnison française en résidence à Monaco...

Disons-le : quand il n'est pas à l'armée, c'est à Paris qu'il vit le plus souvent et ladite garnison ne peut lui obéir que de loin. La peinture de Marianne Loir nous le montre ayant quitté l'uniforme pour un habit sombre doublé de rouge. Le visage est doux et pensif sous des cheveux blanchis à la façon de Louis XV. C'est celui d'un homme heureux : il aime à la passion la marquise de Brignole, ravissante Italienne issue de la haute société génoise, mariée et plus âgée que lui. La liaison dure depuis cinq ans. De magnifiques partis se sont présentés mais il ne s'y est pas arrêté. Stupeur : on apprend tout à coup qu'il

La place du palais en 1732.
(Peinture de Joseph Bressan, Palais princier)

Charlotte Grimaldi (1719-1774) et son frère, le futur Honoré III (1720-1795), peints par Pierre Gobert en 1733, alors qu'ils ont respectivement quatorze et treize ans.
(Palais princier)

songe à épouser Marie-Catherine de Brignole, propre fille — le lecteur ne rêve pas — de la marquise ! La jeune fille va sur ses seize ans. Selon le comte de Ségur qui s'extasie sur ses cheveux blonds et ses yeux bleus, elle est «grande, svelte, bien faite ».

Aux premiers mots d'Honoré, la petite s'est enflammée. Depuis, elle «soupire d'amour». A l'amant de sa mère, elle adresse ce serment éperdu : «Moi, soussignée, je déclare et promets à M. le Prince de Monaco de ne jamais épouser d'autre que lui, quelque chose qu'il puisse arriver, ni jamais écouter aucune proposition qui pût tendre à me dégager. A Paris, ce 29 novembre 1755. Marie-Catherine de Brignole. »

La colère de la marquise

On pense bien que la marquise mère, quand elle a découvert la situation, s'est déchaînée. Prudent, Honoré a préféré regagner son Rocher. Pour retrouver sa tranquillité, il fait savoir qu'il va épouser la fille du duc de La Vallière. Le projet avorte. Tant mieux : Honoré aime toujours Marie-Catherine. Son chagrin touche la marquise. L'appelant pour l'occasion son «fils bien-aimé» , elle vient lui dire qu'elle consent au mariage, pourvu que le marquis, son époux, donne son accord. Ce qu'il fait. Le 15 juin 1757, après que le mariage a été célébré à Gênes par procuration, Marie-Catherine peut écrire au prince : «Mon cher mari, mon bonheur sera parfait si je puis effectivement espérer que le vôtre en dépende. Je ne négligerai jamais rien

Honoré III jouant de la vielle. (Peinture de Marianne Loir, Palais princier)

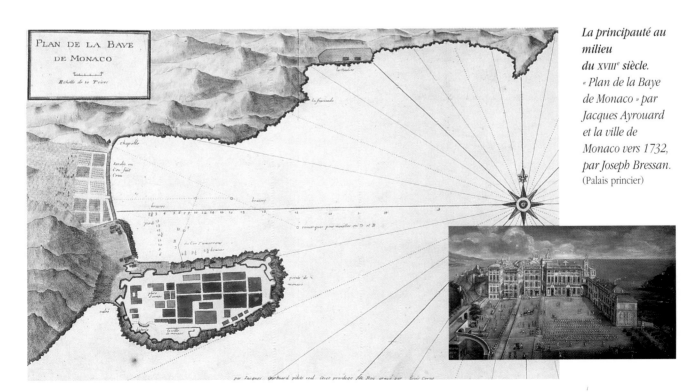

La principauté au milieu du XVIIIᵉ siècle. « Plan de la Baye de Monaco » par Jacques Ayrouard et la ville de Monaco vers 1732, par Joseph Bressan. (Palais princier)

de ce qui y pourra contribuer... et ma vie prouvera que je suis incapable d'abuser de votre confiance. »

La jeune fille et ses parents prennent place sur une galère « magnifiquement parée » qu'une flottille de la République escorte jusqu'à la limite des eaux territoriales de Monaco. On attend le marié. Il ne vient pas. Prince souverain, Honoré refuse de « s'avancer au-delà du quai de débarquement ».

Pour la marquise, c'en est trop. Elle pique une de ses célèbres colères : sa fille ne débarquera que si le prince vient la chercher à bord ! A ce moment précis, la mer se met à grossir, les passagers se sentent fort mal et la galère rétrograde vers la pointe de Bordighera. Il faudra dix jours de négociations pour que l'on imagine une solution : on construira un pont qui, partant de la galère, en joindra un autre qui s'élancera de La Condamine.

Le lendemain, l'escadre arrive au port, on tire le canon. On tente de faire se joindre les deux ponts. Cela dure. Sur le quai, Honoré III ne tient pas en place. Soudain il saute dans une chaloupe et fait force de rame vers la galère pour embrasser plus tôt sa chère épouse : « L'artillerie retentit et le peuple pousse des cris d'allégresse ». Les parents de la princesse retournent à Gênes. Il ne reste à Monaco que la nouvelle mariée. Elle est « douce, aimable et belle, elle fait la félicité de son époux... ».

Le prince de Condé,
par J.-M. Nattier.
(Dijon, musée des Beaux-Arts)

De Grimaldi en Condé

Le couple aura deux fils, le futur Honoré IV, né en 1758, et Joseph, son cadet de cinq ans. Comment croire que, dès 1768, ces époux enamourés se soient trouvés au plus mal ? Comme son père, Honoré III s'éloigne de sa femme durant de trop longues périodes, se partageant entre les merveilles de l'hôtel de Matignon et le château de Torigni où il donne tout son temps à l'élevage des chevaux. Se greffent là-dessus de ces dissentiments de famille qui suffisent à brouiller les ménages les plus unis. Au désespoir, la marquise mère s'efforce de réconcilier sa fille et son ex-amant. En vain.

Soyons justes : les torts ne sont pas seulement du côté d'Honoré. Marie-Catherine a rencontré aux eaux de Plombières le prince Louis-Joseph de Bourbon-Condé, futur chef des émigrés. Intelligent, cultivé, il s'est montré ébloui. Honoré a reçu des lettres anonymes : « Vous auriez dû vous en apercevoir, car il passait sa vie chez vous. »

La réaction d'Honoré ne ressemble guère à celle d'un mari vivant au siècle de Louis XV. Il étonne Versailles en se montrant jaloux. Pour se venger, il prend une maîtresse - une actrice de la Comédie-Italienne — et fait tout pour que sa femme le sache. Jeu dangereux. En juillet 1769, Paris apprend sans étonnement que Marie-Catherine s'est enfuie du domicile conjugal pour se réfugier au couvent de la Visitation du Mans. Le 31 décembre 1770, le Parlement de Paris déclare Marie-Catherine séparée de son mari « de corps et d'habitation » et fait défense à Honoré de « ne plus hanter, ni fréquenter son épouse, ni d'attenter directement ou indirectement à sa liberté ».

La cour intérieure de l'hôtel de Matignon, rue de Varenne, à Paris.

Sans attendre, Honoré a fulminé contre elle dans ses États un arrêt furibond. Marie-Catherine est déclarée « déchue de son rang, de son titre et de ses honneurs » et perd le droit de porter le nom de Monaco.

Marie-Catherine n'a plus rien à cacher. Elle vit le plus souvent à Chantilly avec son cher Condé. A Paris, pour se trouver plus près de lui, elle se fait construire un hôtel près du palais Bourbon. Plus tard, elle le suivra en émigration. C'est en Angleterre qu'elle apprendra, en 1795, la mort de son mari. Condé va-t-il l'épouser ? Il mettra treize ans à s'y résoudre. Au moment d'aller à l'autel, la fiancée aura soixante-dix ans, le fiancé soixante-douze. Marie-Catherine, princesse de Condé, mourra au début de 1813 sans avoir revu la France.

Cet Honoré, qu'avait tellement agité la conduite de sa femme, va peu à peu retrouver la paix de l'esprit. Il séjourne plus souvent sur le Rocher de Monaco, déserté par les siens depuis tant d'années. Il s'y montre un souverain « juste et libéral ». En 1773, il y conduit ses enfants pour un long séjour. Devenus de grands jeunes gens, Honoré et Joseph s'enorgueillissent de l'amitié du duc d'Orléans dont ils partagent les idées de réforme. Ils iront même jusqu'à l'accompagner avec ostentation lorsqu'il sera « exilé » à Villers-Cotterêts.

Grimaldi et Mazarin : le mariage du siècle

Grand événement : le 15 juillet 1777, Honoré III marie Honoré, son fils aîné, avec Louise-Félicité-Victoire d'Aumont, duchesse de Mazarin. Elle est non seulement l'héritière d'un duché-pairie transmissible par les femmes, mais aussi celle des biens immenses laissés par le cardinal à sa nièce Hortense Mancini.

Au palais princier de Monaco :
le Salon bleu, qui précède la Salle
du trône.

La Chambre Louis XV, ou
Chambre à terrasses.

Louise-Félicité-Victoire d'Aumont, duchesse de Mazarin, et son mari, le futur Honoré IV (1758-1819).
(Palais princier)

Nombre de souverains ont dû envier le duc de Valentinois : il s'agit probablement de l'une des plus riches alliances que l'on ait pu contracter en ce temps-là. Il est vrai que la fortune des Mazarin, ainsi que celle des Aumont, a été si mal administrée qu'une infinité de procès en obère les revenus. Louise-Félicité, fidèle au sang bouillant qui coule dans ses veines, ne fait que les embrouiller. Pacifique de nature, son mari tente de calmer le jeu. Il ne parvient qu'à envenimer aussi complètement que possible les rapports avec une épouse qui lui reproche par ailleurs ses sautes d'humeur et sa mauvaise santé. Une séparation en découle. Le duc de Valentinois et sa femme se partageront la garde de leurs deux fils : au père l'aîné, Honoré-Gabriel — futur Honoré V —, né le 13 mai 1778 ; à la mère le cadet Florestan, né le 10 octobre 1785.

Pour Honoré III, ce sont là de cruels soucis, auxquels s'ajoute la santé de son fils aîné dont l'état s'aggrave. En proie à des crises d'épilepsie, il se voit obligé de quitter l'armée avec le grade de maréchal de camp. Son frère Joseph, qui a servi au régiment de Lorraine-Dragons puis au Royal-Cravate, s'est marié, lui, le 6 avril 1782, à Françoise-Thérèse de Choiseul, fille du comte de Stainville, maréchal de France. Elle lui a donné deux filles.

Qui pourrait croire, à Monaco, que le plus improbable des accidents va bouleverser non seulement l'histoire de la France, mais tout autant celle de la principauté ?

Un club jacobin sur le Rocher

D'abord, un frémissement : les Parisiens ont pris la Bastille mais les sujets d'Honoré III, qu'ils soient de Monaco, Roquebrune ou Menton, ne veulent pas être en reste. Ils réclament une plus grande participation aux affaires. Conciliant, Honoré III met en place des conseils élus consultatifs. Après quoi il court à Paris pour défendre ses revenus. L'Assemblée constituante, en abolissant les privilèges et les droits féodaux — la nuit du 4 Août ! —, vient d'un trait de plume de le priver de tout ce que lui garantissait le traité de Péronne. Prince étranger, Honoré III estime que la décision ne le concerne pas. Il n'obtient de l'Assemblée que le vote d'une indemnité. Il ne la percevra jamais.

Les événements galopent. Le prince de Condé rassemble les émigrés sous son commandement. Joseph, influencé par sa mère, le rejoint. Honoré III et son fils aîné — toujours malade — décident de rester à Paris pour se faire rendre justice. Illusion.

Le 22 octobre 1792, le général d'Anselme fait occuper Monaco. Le 15 décembre 1792, la Convention nationale ordonne à tous les généraux de la République d'organiser dans les pays occupés des administrations libres calquées sur celles de la France. La protestation d'Honoré III reste lettre morte. Un club jacobin siège sur le Rocher. Le palais est occupé, pillé. Bientôt, certains habitants de Monaco, Roquebrune et Menton votent la déchéance d'Honoré III et réclament la réunion de la principauté à la République française. Le 14 février 1793, Carnot fait adopter par la Convention un rapport qui consacre l'annexion. Lorsque se créera le département des Alpes-Maritimes, Monaco sera ravalé au rang de simple chef-lieu de canton dont la « Société populaire » obtiendra que l'on change le nom. Monaco devient Fort d'Hercule.

Il ne reste plus à Honoré III — soixante-treize ans —, terré dans son hôtel de la rue de Varenne, qu'à tenter de se faire oublier. Il se résigne à passer par profits et pertes l'annexion de sa principauté mais laisse entendre qu'il se satisferait si on lui

L'abolition des privilèges par l'Assemblée constituante, le 4 août 1789, prélude à l'annexion de Monaco par la France en 1793. (Gravure par Helman, fin du XVIIIᵉ siècle, Paris, Bibliothèque nationale)

Le Rocher de Monaco à la fin du XVIIIe siècle.
(Archives du Palais princier)

restituait ses propriétés personnelles. Pas la moindre réponse. Son revenu est maintenant réduit à dix mille livres.

A la veille du départ en émigration de Joseph, Honoré lui a remis trois cent mille francs. A peine arrivé à bon port, Joseph les a versés à la caisse de l'armée de Condé. La loi des suspects vient d'être votée qui assimile les parents d'émigrés à des coupables. Dans la nuit du 19 au 20 septembre 1793, Honoré III est arrêté et écroué à la caserne de la rue de Sèvres. Son fils Honoré, dont l'esprit bat la campagne, subit un sort identique. La duchesse d'Aumont-Mazarin, pourtant divorcée depuis le mois de juin, est avec son fils Florestan, âgé de huit ans, conduite à la prison établie au couvent des Anglais. On met sous séquestre les biens de tous les Grimaldi, y compris les domaines et revenus provenant du cardinal Mazarin.

Femme Grimaldi-Monaco, ex-princesse

En émigration, Françoise-Thérèse de Choiseul-Stainville souffre tant d'être séparée de ses deux filles restées à Paris qu'elle ne résiste pas à les rejoindre en secret. On la dénonce. Arrêtée au début de 1794, elle est envoyée à la prison du Plessis, antichambre de la Conciergerie. Le 25 juillet 1794 — 7 thermidor an II — on lui remet la convocation fatale : une «assignation à comparaître» devant le tribunal révolutionnaire le lendemain à 10 heures du matin. L'un des codétenus la voit à ce moment précis : «Pas la plus légère émotion n'altéra ses traits : elle distribua aux indigents qu'elle soulageait habituellement tout l'argent qui lui restait, embrassa sa femme de chambre et se sépara de nous comme, après une longue route, on quitte ses compagnons de voyage dont la société nous fut utile et douce.»

Sur la liste où, avec Françoise-Thérèse, figure André Chénier, il y a trente noms. Au n° 28, on lit : «Charlotte-Françoise Stainville, femme Grimaldi-Monaco, vingt-six ans, ex-princesse .» Tous s'entendent condamner à mort.

La règle est la même pour chacun : à peine le jugement rendu, les condamnés montent en charrette pour être conduits à l'échafaud. La journée s'achève. Le soleil de thermidor décline au-dessus des toits. Les gardiens voient s'approcher Françoise-Thérèse. Ils l'entendent déclarer qu'elle est enceinte : c'est le sursis jusqu'à ce qu'un médecin ait pu contrôler « l'état de la déclarante ».

Dans la cellule de la Conciergerie, Françoise-Thérèse casse un carreau. Avec un morceau de vitre, elle coupe elle-même ses splendides cheveux blonds. Puis elle écrit deux lettres, l'une et l'autre à l'accusateur public. Voici la première :

« *Au citoyen Fouquier-Tinville, très pressé.*

» *Citoyen, je vous préviens que je ne suis pas grosse. Je n'ai point sali ma bouche de ce mensonge dans la crainte de la mort ni pour l'éviter, mais pour me donner un jour de plus, afin de couper moi-même mes cheveux et de ne pas les donner par les mains du bourreau. C'est le seul legs que je puisse laisser à mes enfants. Au moins faut-il qu'il soit pur.*

» *Choiseul-Stainville Joseph-Grimaldi-Monaco, princesse étrangère et mourant de l'injustice des juges français.* »

Dans la seconde lettre, elle supplie Fouquier-Tinville de faire parvenir le paquet à destination. Au moment où il

« Voilà, François, un commencement de dessin. Remettez-le à Grimaldi cadet quand vous le verrez ; il est des cheveux de ma fille et des miens ; ce présent lui sera cher, c'est le dernier, demain je ne serai plus. » Lettre de la princesse

Françoise-Thérèse, épouse de Joseph Grimaldi, deuxième fils d'Honoré III, écrite depuis sa cellule, la veille de son exécution. (Collection privée)

La dernière charrette, le 9 thermidor an II ou 27 juillet 1794. (Gravure d'après Auguste Raffet, Bruxelles, musée royal de l'Armée)

reçoit les billets, la «fournée» est prête : quarante et un condamnés. Sur-le-champ, Fouquier ajoute un quarante-deuxième nom : celui de Françoise-Thérèse. A 5 heures du soir, les quarante-deux têtes tombent.

A la même heure — exactement — la Convention met Robespierre hors la loi : c'est le 9 Thermidor. Si la «femme Monaco» avait persévéré dans son mensonge, elle était sauvée. Elle n'a pas voulu «salir sa bouche», ni l'honneur des Grimaldi.

Au service de l'Empereur

La bataille d'Eylau, où se distingua Joseph Grimaldi, frère d'Honoré IV. (Aquarelle de Siméon-Fort, château de Versailles)

Tous les membres de la famille ont retrouvé la liberté. Honoré III n'en profite guère : il meurt le 12 mai 1795. Théoriquement, son fils aîné devient Honoré IV, mais ce n'est là qu'une abstraction. Terrassé par une maladie dépressive qui a pris des proportions inquiétantes, il reste cloué chez lui. En proie à d'inextricables difficultés

financières, la famille apparaît disloquée, chacun ne songeant qu'à survivre pour son propre compte.

Grâce à l'appui de Talleyrand, Joseph pourra rentrer en France. Lui et son frère sont rayés de la liste des émigrés et peuvent récupérer ceux de leurs biens qui n'ont pas été vendus. Parmi ceux-ci, l'hôtel de Matignon et le château de Torigni. Leurs dettes sont telles qu'il leur faut vendre l'un et l'autre.

Joseph n'a rien oublié de sa fidélité au prince de Condé mais, l'Empire proclamé, il imite nombre de membres de l'ancienne noblesse et sert Napoléon. Il sera capitaine des gendarmes d'élite de la Garde impériale, officier d'ordonnance de l'Empereur, puis chambellan de l'impératrice Joséphine. Il disparaîtra en 1816 à l'âge de cinquante-trois ans.

Le fils aîné du dépressif, Honoré-Gabriel — futur Honoré V — a,

Le prince héréditaire Honoré-Gabriel Grimaldi règnera sous le nom d'Honoré V. Portrait par Marie Verroust.
(Palais princier)

lui aussi, adopté la vie militaire : aide de camp du général Grouchy, il est grièvement blessé à Hohenlinden. Il entre en vainqueur à Berlin et, peu après, avec quelques dragons, fait prisonniers trois cents ennemis. Cet exploit lui vaut le grade de capitaine et la croix de la Légion d'honneur. On le retrouve en Pologne avec Soult, avant qu'il combatte à Eylau et soit affecté comme aide de camp auprès de Murat, devenu grand-duc de Berg.

Souhaitant regagner Paris pour soigner ses blessures, il devient, toujours par l'influence de Talleyrand, écuyer de l'impératrice Joséphine. Il est alors l'objet de l'une des promotions les plus insolites de l'histoire : en récompense de ses services — indéniables — Napoléon le fait... baron !

Où allez-vous, Monaco ?

1814 : l'Empereur vaincu est à l'île d'Elbe. A Vienne, le Congrès refait la carte de l'Europe. Nul ne songe à Monaco. Joseph exhorte Talleyrand — décidément providence des Grimaldi — à s'intéresser au sort de sa Maison. Le « diable boiteux » — bon diable en l'occurrence — demande que l'on ajoute aux traités une

*Napoléon débarque
à Golfe-Juan en
mars 1815.*
(Gravure, Paris,
Bibliothèque
nationale)

*Monaco,
département
français de 1793 à
mai 1814.*
(Carte de 1806,
Archives du Palais
princier)

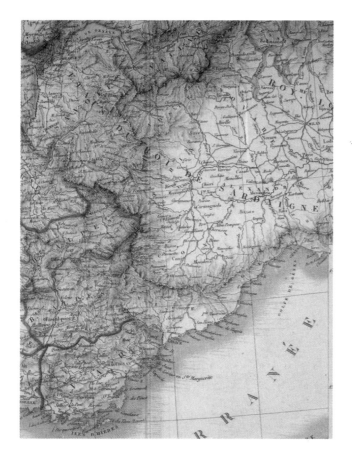

phrase, une seule : « *Et le prince de Monaco rentrera dans ses États*.» On y consent. La principauté, État indépendant et souverain, est de nouveau confiée aux Grimaldi et placée sous la protection de la France aux conditions du traité de Péronne.

Au début de 1815, Honoré IV — qui se porte de plus en plus mal — confère à Honoré-Gabriel l'exercice de tous ses droits de souveraineté. Ainsi le règne d'Honoré V commence-t-il du vivant d'Honoré IV.

Le nouveau prince s'est jeté dans une voiture et a pris la route du Midi. Quand, le 1er mars 1815, à 5 heures du soir, il arrive à Cannes, il éprouve la plus forte surprise de sa vie : on lui annonce que l'Empereur vient de débarquer à Golfe-Juan. Vers 2 heures du matin, on le conduit devant l'église Notre-Dame où, près d'un grand feu, il aperçoit Napoléon entouré de sa troupe.

C'est alors que se serait échangé le dialogue célèbre mais controversé :

— Où allez-vous, Monaco? demande l'Empereur.

— Chez moi, Sire.

— Eh bien, moi aussi, je rentre chez moi[1] !

Honoré IV (1758-1819) laissa les rênes de l'État à son fils dès 1815, quatre ans avant sa mort.

Noyé dans la Seine

Après Waterloo, les alliés victorieux confient le protectorat de Monaco à la Sardaigne, autrement dit la Savoie, qui obtient aussi le comté de Nice. Honoré V ne peut que s'incliner.

Quoique reprenant la tradition des Grimaldi vivant loin de leur Rocher — il réside à Paris — il s'occupe assidûment de son petit État. Son souci dominant? Garantir à ses sujets des ressources qui leur permettent de vivre. Une évidente contradiction se manifeste dans sa façon de gouverner : issu d'une famille qui figurait, avant la Révolution, parmi les plus libérales, il règne en monarque absolu. Ce qui ne l'empêche pas de lire Fourier et Saint-Simon et, à la Chambre des pairs — il y siège comme duc de Valentinois —, de préconiser des réformes sociales. En 1838, il publie même une brochure intitulée : *Le Paupérisme et les moyens de le détruire*.

Honoré IV — souverain honoraire — demeure toujours à Paris, hors du monde. Au mois de février 1819, on le trouvera, à soixante et un ans, noyé dans la Seine. Se promenant sur la berge et saisi par une crise d'épilepsie, est-il tombé à l'eau? Ou plutôt, désespérant de retrouver jamais la santé, a-t-il préféré se donner la mort?

Ce qui exaspère les habitants de Monaco comme ceux de Menton et Roquebrune, c'est que toutes les décisions les concernant viennent de Paris. Un vent de fronde se lève auquel la cour sarde prête tout à coup une oreille attentive. Des notables mentonnais sont accueillis à Turin. Ils déclarent qu'ils ne veulent plus de fonctionnaires qui les « oppressent au nom d'un prince parisien ».

Quand Honoré V mourra à soixante-trois ans, le 2 octobre 1841, sans alliance et sans enfant, il n'aura toujours pas compris pourquoi ses sujets, eux, ne le comprenaient pas. Mélancoliquement, il avait demandé que l'on inscrivît sur sa tombe : « Ci-gît qui voulut faire le bien. »

C'est à un frère de cinquante-six ans, Florestan Ier, qu'il lègue une principauté en grand péril. Nombreux en Europe sont ceux qui augurent mal de l'avenir de Monaco.

Ils ont tort.

VIII

Le grand siècle de Monaco

Dieu sait si l'on découvre chez les Grimaldi des caractères originaux. Voici peut-être le plus singulier : Florestan Ier.

Il a connu la prison à huit ans. Après quoi sa mère l'a tenu enfermé dans une pension qui ressemblait fort à une autre prison. Il aimait les lettres autant que les arts : la duchesse de Mazarin l'a contraint à passer l'examen d'élève pensionnaire à l'École spéciale militaire de Fontainebleau. Bravant le courroux maternel, il a quitté l'École.

Dans ses *Souvenirs d'un médecin de Paris*, le docteur Poumiès de la Siboutie a rapporté que, le 11 juin 1856, Florestan lui avait affirmé avoir été acteur. Le certain, c'est qu'il a toujours aimé la compagnie des artistes, des comédiens et des écrivains. Alexandre Dumas a parlé de son « excellent et artistique ami le prince Florestan Ier ». Selon Georges Favre, Florestan s'est produit « sur plusieurs scènes parisiennes entre 1798 et 1802 ». Il tenait « des rôles d'amoureux et avait conservé son nom de Florestan ».

En 1806, la conscription le réclame. C'est comme simple soldat qu'il est incorporé, à Brest, au 70e régiment d'infanterie. Il est « faible de santé et fort court d'argent par la sévérité de sa mère ». Il tient garnison dans l'île d'Ouessant, à Niort, en Corse et à l'île d'Elbe. Monotonie, ennui, résignation : tel est son sort. S'il découvre enfin la vraie guerre, c'est pour connaître l'horreur de la campagne de Russie. Il est fait prisonnier, tombe malade. On le transfère à l'hôpital de Königsberg d'où il ne sera libéré qu'en 1814.

On nous le peint, à son retour en France, « sauvage, timide et las ». Au cours de l'été 1815, il rencontre une certaine Caroline Gibert. Il a vingt-neuf ans, elle vingt et un. De condition modeste, elle est née à Coulommiers, de Charles Gibert et d'Henriette le Gras de Vaubercy. Brune, avec des traits un peu forts, ses yeux brillent d'intelligence et de bonté. Florestan n'a qu'une idée en tête : l'épouser. Encore faut-il qu'il obtienne l'assentiment de ses parents. Il entreprend leur siège pendant près d'une année. Considérant qu'il n'est qu'un cadet, Honoré IV et la duchesse de Mazarin finissent par dire oui.

Florestan Ier (1785-1856) succède à son frère Honoré V. Celui-ci est mort en 1841, sans descendance.
(Pastel de G. Dauphin, Palais princier)

Le théâtre de Monte Carlo, construit par Charles Garnier et inauguré en janvier 1879.

Tout indique que Florestan a préféré l'obscurité à la gloire. «Il refusait d'entendre ce qui ne lui plaisait pas», note Léon-Honoré Labande, ce qui est joliment vu. Pour un peu, il jetterait aux orties ses titres et son rang. Doucement, mais fermement, Caroline le rappelle à ses devoirs. Elle a elle-même, dans une lettre du 3 avril 1842, expliqué sa conduite à son fils, le futur Charles III, désagréablement impressionné par un père si peu soucieux de ses responsabilités : «Je dois à mes enfants, comme compensation des avantages que je n'ai pas apportés dans la communauté, de conserver ceux de leur père ; je dois à mon fils surtout de veiller à ce qu'il reçoive intact le dépôt que la Providence a placé dans les mains de son père. Je suis toujours dominée par l'idée de faire respecter les droits de ton père et de conserver intacts ceux de mes enfants... N'ayant aucun droit par moi-même, je me trouve cachée sous le manteau de ton père, qui conserve ainsi la plénitude de son autorité.» Voilà qui dépeint mieux Caroline Gibert — et en même temps son mari— qu'un long discours.

Caroline Gibert, épouse de Florestan Ier. Cette femme intelligente sut inspirer à son mari puis à son fils les orientations qui sauvèrent Monaco.
(Huile sur toile par Marie Verroust, Palais princier)

Le bonheur de Florestan

A cet homme qui a vécu si longtemps sans intimité ni affection véritable, Caroline apporte d'abord la douceur d'une vie privée réussie. Après quoi, elle s'acharne à rendre à son mari la fortune que, selon elle, les événements lui ont «volée». Elle reprend et mène à bien les procès qui ont grevé la fortune de la duchesse de Mazarin, décédée en 1819. Elle règle la succession compliquée d'Honoré IV. Le moment vient où le comte et la comtesse Grimaldi de Monaco — tel est le nom qu'ont porté Florestan et Caroline jusqu'à leur avènement — peuvent acheter, en 1827, pour deux cent soixante-dix-sept mille francs, l'hôtel de Créqui, rue Saint-Guillaume, certes magnifique mais en très mauvais état. Caroline le restaure et en fait une demeure où l'on ne peut qu'être heureux de vivre. Sûr d'avoir épousé la plus excellente femme du monde, Florestan rayonne. Tous les deux, ils fuient le monde. Rue Saint-Guillaume, on ne s'intéresse qu'à la musique — goût de famille — et à l'aquarelle.

Soudain, il faut régner ! Il faut quitter cet asile, ce bonheur, et partir pour Monaco. Surprise et peut-être consolation : dès son arrivée, le 21 novembre 1841, le nouveau prince est acclamé. A Menton, si critique à l'égard de son frère, on va jusqu'à dételer sa voiture, on la traîne sous les acclamations à travers les rues.

Caroline en profite pour saisir solidement le gouvernail de la principauté. L'avenir, malgré les difficultés qui persistent, semble se dessiner positivement après le mariage de son fils — futur Charles III — avec Antoinette Ghislaine de Mérode.

Menton et Roquebrune, villes libres

Las ! L'Italie tout entière est gagnée par le *Risorgimento*. Aux cris de *Italia fara da se*, les Italiens ne rêvent que de libérer la péninsule de l'oppression autrichienne. Profitant du jour anniversaire de Charles-Albert, roi du Piémont et de Sardaigne, les Mentonnais manifestent, exigeant des réformes « profondes et immédiates ». Florestan et Caroline sont prêts à y consentir. Trop tard : en février 1848, la révolution éclate à Paris et elle gagne l'Europe.

Le Départ de Garibaldi pour Gênes.
Un des principaux acteurs du Risorgimento qui a mené à l'unité italienne, ce Niçois fut profondément choqué par le rattachement de Nice et de la Savoie à la France en 1860. (Turin, musée du Risorgimento)

A Menton, on en est à proclamer la déchéance du prince de Monaco. Menton et Roquebrune s'érigent en « villes libres » et un gouvernement provisoire laisse prévoir une réunion avec le Piémont. Charles-Albert y consent, ce qui confirme sa collusion avec les insurgés. Pour la forme, les « villes libres » organisent un plébiscite qui, en faveur de l'annexion au Piémont, donne 568 oui contre aucun non. Chiffres qui laissent rêveur...

Ce que nous savons de Florestan durant cette époque nous le montre absolument désemparé. Il vacille, flotte à tous vents. Ce qui surprend, c'est que Caroline semble cette fois se refuser à la moindre intervention. Un silence qui s'explique : à ses yeux, les Monégasques ne peuvent plus se contenter d'un prince qui ne règne qu'en apparence. Seule la transmission du pouvoir à leur fils peut raffermir leur fidélité.

Charles, prince héréditaire, a rejoint la principauté. Le 10 mars 1848, Florestan l'en nomme administrateur général avec tous pouvoirs pour agir en son nom. Lui-même repart pour Paris avec Caroline et leur fille Florestine.

Roquebrune au XIXᵉ siècle par L. T. Turpin de Crissé.
(Marseille, musée des Beaux-Arts)

En compensation du sang français

Jusqu'en 1856, année de la mort de Florestan Iᵉʳ, les deux femmes y vivront avec lui. Caroline rejoindra ensuite Monaco pour appuyer son fils Charles III dans sa dénonciation sans cesse réitérée de l'occupation illégitime d'une partie de ses États. La mère et le fils ont cru pouvoir espérer l'aide de Napoléon III, mais le nouvel empereur des Français a d'ores et déjà décidé d'appuyer le Piémont dans sa volonté d'unifier l'Italie. En 1859, les armées françaises se jettent dans la guerre contre l'Autriche. En compensation du sang français qui a coulé à Solferino et Magenta, le nouveau royaume italien cède à la France, le 24 mars 1860, la Savoie et le comté de Nice. Par un plébiscite dont le prince conteste le principe, 90 % des Mentonnais et des habitants de Roquebrune se prononcent pour le rattachement à la France. Comment Charles III pourrait-il s'opposer matériellement à une opération d'une telle envergure ? Napoléon III, en compensation des territoires perdus, lui accorde une indemnité de quatre millions de francs. Par le traité du 2 février 1861, le prince s'engage en son nom et en celui de ses descendants à n'aliéner aucun de ses droits de souveraineté, sauf en faveur de la France, et à n'accepter éventuellement un protectorat que de celle-ci. Une union douanière est créée entre les deux États.

La principauté est donc réduite à un Rocher, un port, une mince bande côtière et 1 143 habitants. Charles III perd les neuf dixièmes de ses États.

Un casino sur le plateau des Spélugues

Certes, la gestion de la princesse Caroline a rétabli la fortune personnelle des Grimaldi. Antoinette de Mérode a apporté à Charles une dot confortable. Les quatre millions de Napoléon III sont agréablement venus renforcer ces réserves. Comment néanmoins faire face aux dépenses d'une administration et d'une cour ? En consultant le rôle des contributions foncière, personnelle et mobilière, on s'aperçoit qu'elles rapportent, en 1852, deux mille huit cent quatre-vingt-cinq francs seulement ! A terme, la principauté glisse vers la ruine.

Les terrasses du Casino dans la seconde moitié du XIXᵉ siècle. (Musée des Traditions monégasques)

*Splendeur du site
de Monaco.
Vue prise du haut
du jardin exotique.*

Or, en quelques années, Nice, Cannes, Hyères ont connu un développement prodigieux. Les hivers méditerranéens drainent sur la côte des dizaines de milliers de visiteurs. Seul Monaco reste à l'écart du mouvement. On peut imaginer que la princesse Caroline et Charles III, ayant sans cesse sous les yeux un paysage idyllique et jouissant d'un climat de rêve, ont dû se poser cette question simple : « Pourquoi pas nous ? »

La mode est aux bains de mer et aux villes d'eaux. Sur le territoire où végètent de petites exploitations agricoles, on pourrait construire des villas, des hôtels et — pourquoi pas ? — un casino. Avoir songé au jeu va se révéler une idée de génie. A Baden-Baden, les foules se pressent dans les salons du casino que le grand-duc vient d'ouvrir. Ses revenus se sont accrus de deux millions par an. Pourquoi ne pas s'engouffrer derrière un tel exemple ?

En 1850, l'accès à Monaco se fait encore par des routes de montagne périlleuses et des chemins muletiers.
(Musée des traditions monégasques)

A l'offre d'une concession, une première société, en avril 1856, a répondu présente : les actionnaires se sont engagés à construire un casino sur le plateau des Spélugues. Ces téméraires ont acquis, au prix enviable de vingt centimes le mètre carré, tous les terrains disponibles et promis tout ce que l'on voulait : outre le casino, ils aménageraient des bains de mer, construiraient des hôtels, créeraient des services de bateaux à vapeur et d'omnibus entre Monaco et Nice !

Le vrai problème est là : il est toujours aussi difficile d'atteindre Monaco. Il faut, au départ de Nice, s'entasser dans une diligence à douze places et suivre la Grande Corniche ouverte par Napoléon Iᵉʳ. Le *Journal de Monaco* de l'époque nous la décrit comme une route étroite qui tourne et serpente, frôlant d'un côté la montagne et, de l'autre, suspendue au-dessus du précipice : « Les roues de la diligence rasent le vide de ce côté, quatre cents mètres avec la mer au fond... » De La Turbie, il faut emprunter — véritable héroïsme — le chemin muletier qui descend à Monaco. Épouvanté par de telles perspectives, le voyageur peut bien sûr se tourner vers le rafiot qui, en principe, navigue chaque jour de Nice à Monaco mais, si la mer est mauvaise, ledit rafiot ne quitte pas le port.

Charles III (1818-1889) à cinquante ans par François Biard.
(Palais princier)

Les premiers concessionnaires n'ont rien pu y changer. Leur entreprise a abouti à un cruel échec et ils ont dû passer la main à une nouvelle société qui est allée tout droit à une défaite identique. De même qu'une troisième présidée par le duc de Valmy. Faut-il renoncer ?

Le sorcier de Hombourg

Caroline y songe d'autant moins que Charles III, en 1861, a signé avec la France un traité par lequel le gouvernement de Napoléon III s'engage à entretenir « en bon état, à ses frais, la route reliant Monaco à la Grande Corniche » et ouvrir aussi, le plus rapidement possible, « une route carrossable de Nice à Monaco par le littoral ». Il y a là de quoi faciliter la tâche d'un concessionnaire enfin sérieux. En Allemagne, à Hombourg, un certain François Blanc a assuré le triomphe d'un casino où accourent les plus grosses fortunes d'Europe. Pressenti, il part pour Monaco « pour voir ». Il voit, et se déclare convaincu. Le 2 avril 1863, pour cinquante ans, Charles III lui cède le privilège d'exploiter la Société anonyme des Bains de mer et du Cercle des Étrangers à Monaco. C'est dans une perspective délibérée que le terme « Cercle des Étrangers » figure au contrat : l'accès du casino est — et demeurera — interdit aux Monégasques.

Ce qui advient à Monaco dans les années suivantes tient du prodige. Sur le plateau des Spélugues, une ville entière surgit de terre : des rues, des boulevards, des places, un jardin, des hôtels, des villas. Une capitale est née, à laquelle il ne manque qu'un nom. Charles III hésite : sera-ce « Charlesville », « Albertville » — le fils de Charles s'appelle Albert — ou encore : Elysée-Alberto ? Accordant la priorité à son propre prénom, Charles III tranche en 1866 pour Monte-Carlo.

En octobre 1868, le chemin de fer atteint Monaco. Dès lors, la foule des

Vue générale de Monaco vers 1868. Sur cette œuvre de Deroy, on remarque l'apparition des premiers éléments de la voie ferrée qui reliera Nice à Monaco en 1868.
(Archives du Palais princier)

touristes, des hivernants et des joueurs — ils sont souvent l'un et l'autre — se change en invasion. Le nouveau casino refuse du monde. Les bénéfices sont devenus si considérables que, l'année suivante, Charles III peut abolir les impôts directs dans la principauté. La guerre de 1870 arrête à peine cet essor fabuleux. En 1871, on accueille cent quarante mille touristes et, en 1872, cent soixante mille. On dénombre maintenant à Monaco quatre cent trente-trois appartements meublés, trente-cinq hôtels, cent seize villas. François Blanc mettra le comble à sa magnificence en faisant construire, par Jacobi, l'Hôtel de Paris. On verra, dans la principauté, aussi bien le prince de Galles, futur Édouard VII, que le roi de Grèce, l'empereur d'Autriche François-Joseph, les grands-ducs de Russie, Serge, Paul, Pierre, Alexis, mais aussi l'impératrice Eugénie et le maréchal de Mac-Mahon.

Les problèmes financiers du prince de Monaco ne sont plus qu'un mauvais souvenir.

Le casino de Monte-Carlo, par Christian Bokelmann. (Londres, Galerie Christie's)

IX

Albert, prince de la mer

Faute de frère, de sœur et même de cousins proches, l'enfance de celui qui deviendra Albert Ier s'est écoulée dans la solitude. Bien que Charles III eût exigé qu'il apprît la discipline au collège Stanislas, il a, dès l'adolescence, révélé un caractère si entier que la princesse Caroline, sa grand-mère, a dû — non sans tendresse — le lui reprocher.

Très tôt, il a voulu être marin. A dix-sept ans, peut-être pour échapper à l'ambiance un peu lourde du palais princier, il s'engage dans la marine espagnole. Indéniable, sa prestance. Dans son visage au teint mat, souligné par une épaisse moustache et une barbe noire en collier — elle épaissira au fil des années —, les yeux sont vifs, le regard inquisiteur. La chute de la reine Isabelle II d'Espagne le ramène à Monaco. Au printemps de 1869, il navigue à bord de son premier petit yacht. La joie qu'il éprouve de se sentir maître à bord décide de sa vocation.

Or Charles III lui parle mariage. Apparemment, Albert n'en ressent nulle envie, mais comment refuser un parti proposé par Napoléon III lui-même ? Il s'agit de Mary-Victoria, fille du duc de Hamilton, premier pair d'Écosse, et petite-fille de cette Stéphanie de Beauharnais qu'avait adoptée Napoléon Ier. Albert a vingt ans, elle dix-huit. Plusieurs signes soulignent la «volonté forte, sans souplesse» de la jeune fille. Ainsi a-t-elle fait savoir à Albert qu'elle ne pourrait supporter «aucune des gênes de l'étiquette» et, par exemple, qu'elle refuserait la présence d'une dame d'honneur à ses côtés. Il a fallu plaider : une telle attitude est incompatible avec les traditions de la cour de Monaco. De même, la fiancée a signifié qu'elle continuerait à signer «Mary». La future belle-famille a répliqué qu'elle devrait se faire

Le prince héréditaire Albert en 1868, à l'âge de 20 ans, en uniforme de la marine espagnole.

La goélette Hirondelle I, *à bord de laquelle Albert Ier navigua de 1873 à 1891.*

Page de gauche :
Accueil de Monaco à la princesse Alice, épouse d'Albert Ier, le 12 janvier 1890.

* C'est en 1854 que
Antoinette de Mérode
avait acquis, dans
l'Aisne, le château de
Marchais.
Elle y retrouvait un
peu les paysages de sa
Belgique natale et s'y
plaisait particulièrement.

appeler Marie car « l'orthographe de son nom est inconnue en France et en Italie ». Elle a paru s'incliner mais on s'est demandé, à Monaco, ce que deviendraient, quand elles se feraient face, la volonté affirmée de l'une et l'intransigeance de l'autre ?

Lorsque Albert et Mary se rencontrent à Bade, durant le mois d'août 1869, ils n'en sympathisent pas moins et en viennent à croire qu'ils pourront s'entendre et — qui sait ? — s'aimer.

Le contrat de mariage est signé à Saint-Cloud dans le cabinet de Napoléon III et le mariage célébré au château de Marchais*. Au début de décembre 1869, quand les nouveaux époux font leur entrée à Monaco, la jeune femme attend déjà un enfant. Elle ne dissimule pas sa tristesse d'avoir quitté une famille à laquelle elle est tendrement attachée. Un accueil affectueux l'aurait rassérénée. Or elle trouve un Charles III accablé de maux dont une cécité complète n'est pas le moindre. De la mort, en 1864, d'Antoinette de Mérode, il ne s'est jamais remis.

La princesse Florestine, tante d'Albert, vient de perdre son mari, le duc d'Urach, et, en grand deuil, ne se cache pas de vouloir tout régenter au palais. C'est beaucoup. Mary-Victoria croit entrer dans une prison. Il lui semble que se portent vers elle des regards toujours inquisiteurs, voire hostiles. Seule Caroline lui fait bon visage.

Ce climat de surveillance exacerbée hérisse Albert, mais qu'y peut-il ? Pour échapper à la tension dangereuse qu'il sent s'épaissir, il navigue de plus en plus souvent. Mary prend cela fort mal.

Soudain, au milieu de février 1870, elle quitte Monaco. C'est à Baden-Baden que, le 12 juillet suivant, elle mettra au monde un fils : Louis-Honoré-Charles-Antoine.

*La princesse Alice
(1857-1925),
seconde épouse du
prince Albert Ier,
par Louis
Maeterlinck.*
(Palais princier)

Alice, Gunsbourg, Diaghilev

Quand éclate la guerre avec la Prusse, Albert revêt l'uniforme de la marine française et sert dans la 2e division de la flotte du Nord. Thiers lui décerne la croix de la Légion d'honneur. Il reprend ses navigations. Une demande en annulation a été introduite par Mary à Rome. Elle aboutit en 1880.

Neuf ans plus tard, Albert Ier épouse une blonde Américaine de trente-deux ans, Marie-Alice Heine, de la famille du poète allemand Heinrich Heine. Veuve du duc de Richelieu, elle a tenu à Paris un salon où

Albert Ier
(1848-1922)
par Léon Bonnat
en 1894.
(Palais princier)

Albert Ier à bord
de son yacht
océanographique
Princesse Alice II.
(Archives du Palais
princier)

elle a reçu ce qu'il y avait de plus brillant dans le monde ou parmi les écrivains et les artistes. Elle va attirer les uns et les autres sur le Rocher.

L'engagement de Raoul Gunsbourg comme directeur de l'Opéra de Monte-Carlo fait de Monaco une capitale du théâtre et de l'art lyrique. Non seulement on y applaudit Sarah Bernhardt, Réjane, Mounet-Sully, Coquelin cadet, mais on y joue *La Damnation de Faust* ainsi que plusieurs œuvres de Massenet et de Saint-Saëns. Gunsbourg impose Lalo, César Franck, Fauré, Reynaldo Hahn. L'événement capital de l'avant-guerre restera l'invitation que, dès 1911, Gunsbourg adresse aux Ballets russes. Serge Diaghilev crée à Monaco *Le Spectre de la Rose*. Suivent, en 1912, *Petrouchka* de Stravinski et, en 1914, *Daphnis et Chloé* de Ravel. Après la guerre, les « Ballets russes » , condamnés par la révolution bolchevique à l'exil, deviendront « les Ballets russes de Monte-Carlo » et danseront sur des œuvres de Poulenc, Stravinski, Ravel et Auric[1].

A cette époque, la princesse Alice aura quitté Monaco. Le moment est venu où elle s'est lassée de voir son mari voguer toujours plus loin sur les mers et les océans. Le 30 mai 1902, un jugement a séparé officiellement les époux.

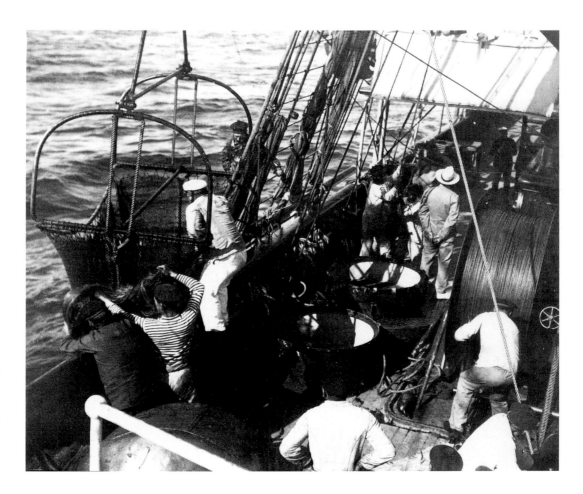

Percer les mystères des mers

En Méditerranée et dans l'Atlantique, Albert navigue sur des bateaux de plus en plus grands et qui embarquent un matériel de plus en plus sophistiqué : il s'est attaché corps et âme à une science nouvelle — l'océanographie — dont l'ambition est de percer les innombrables mystères que recèlent les mers.

Au fil des décennies, il s'applique à perfectionner les instruments élémentaires dont on disposait avant lui. Il en invente de nouveaux. Il étudie les courants de l'Atlantique Nord, notamment le Gulf Stream. On ne connaissait que la faune marine superficielle. Pour découvrir celle des profondeurs, Albert pratique des sondages de plus en plus audacieux. Le 6 août 1901, au sud-ouest de l'archipel du Cap-Vert, un chalutage de 6 035 mètres permet de remonter des espèces totalement ignorées, dont un poisson baptisé opportunément *grimaldichthys profondissimus*.

Dès qu'il rejoint Monaco, Albert prolonge ses découvertes par des recherches en laboratoire qui vont prendre une place grandissante dans sa vie. Il s'entoure de spécialistes renommés tels que le professeur Charles Richet, prix Nobel en 1913, le professeur Paul Portier, le docteur Jules Richard.

C'est à bord de la *Princesse Alice II* que Richet et Portier découvrent un phénomène considérable : l'anaphylaxie, qui ouvre la voie aux recherches sur l'immunité.

Les voyages et découvertes du prince de Monaco fournissent à la presse des sujets dont l'originalité captive d'innombrables lecteurs. Albert Ier est devenu célèbre. C'est en ce temps d'une belle maturité que le pinceau de Bonnat saisit le regard d'un homme sûr d'avoir embrassé la seule carrière qui ait pu lui permettre de s'accomplir.

(En haut) *Albert Ier entouré de son état major au cours de son expédition au Spitzberg en 1899 et* (ci- dessus) *dans son laboratoire océanographique.* (Archives du Palais Princier)

Les frontières sont des fleurs

Devenu prince souverain, Albert va-t-il négliger la principauté[1] ? Certains le redoutent. A tort. Le nouveau prince octroie aux Monégasques leur première Constitution et signe avec la France protectrice un traité réglant les rapports entre les deux pays. Une politique de grands travaux modifie l'aspect de la principauté. Le port aménagé peut désormais recevoir des navires de gros tonnage. Un tunnel sous le Rocher permet d'accéder au quartier de Fontvieille où s'installent des industries. On plante au-dessus de la ville un jardin exotique qui restera un modèle du genre. Ce qui permettra à la grande Colette de s'écrier : « A Monaco, les frontières sont des fleurs. »

Albert fait entreprendre des fouilles qui permettent de révéler dans la région une présence humaine fort ancienne : la presse parle de l' « homme de Grimaldi ». Il crée à Paris l'Institut océanographique et l'Institut de paléontologie humaine mais réserve à Monaco le témoignage le plus grandiose de son œuvre scientifique : le Musée océanographique.

Musée océanographique : la salle d'océanographie où sont entreposés des milliers d'espèces de coquillages, perles, nacres et coraux, et quelques animaux naturalisés.

Édifié sur le Rocher à soixante-cinq mètres au-dessus de la mer, Albert le défi-nit en 1911 comme «un vaisseau ancré sur la côte avec des richesses extraites de tous les abîmes». Il ajoute — et voilà qui résume toute son œuvre : «Je l'ai donné comme une arche d'alliance aux savants de tous les pays.»

Profondément pacifiste, Albert a pris la guerre en haine. En 1903, il fonde l'Institut international de la paix qu'il charge d'étudier le règlement des conflits par arbitrage. Il observe l'Europe et constate lucidement que les relations entre l'Allemagne et la France sont mauvaises, d'où le risque accru d'une nouvelle guerre. En 1905, une visite impromptue de l'empereur alle-mand au sultan du Maroc, très mal acceptée par la France, risque de mettre le feu aux poudres. Albert Ier s'entremet. Le danger s'éloigne.

En fait, Albert a attendu de la toute-puissance de la science la solution des problèmes fondamentaux de l'humanité, y compris celui de la paix et la guerre. Pour lui comme pour tant d'autres, les illusions vont mourir à Verdun.

Le Musée océanographique. Entreprise en 1899, sa construction dura onze ans ; le bâtiment, de proportions imposantes, abrite notamment le célèbre Aquarium, un des plus visités d'Europe.

X

De Louis II à Rainier III

« Je suis très sensible à tout ce que Votre Altesse me dit à l'égard de Louis et heureuse de l'impression qu'elle a eue de l'entrevue avec ce cher enfant qui nous tient tant à cœur » : c'est là ce qu'écrit, le 4 septembre 1880, la duchesse de Hamilton à Albert Ier.

En ce temps-là, le prince Louis a dix ans. Jamais son père n'a rencontré son fils unique, grandi à Bade au palais de Hamilton, idolâtré par la famille de sa mère. La difficile entrevue s'est déroulée au mieux : « Il a été bien heureux de vous voir, Monseigneur, il m'en parle souvent et ne fait jamais une remarque sur le passé. Il prend tout si naturellement et nous devons en remercier Dieu et tâcher de lui conserver autant que possible encore longtemps cette candeur si adorable. »

Le plus surprenant est que ce jeune garçon, dont la mère loue le « caractère doux, bon et facile » , a manifesté dès l'adolescence un goût très vif pour le métier des armes. Puisque Albert Ier ne semble pas désireux de lui confier de responsabilité dans l'administration de Monaco, il s'est fait une raison : il sera soldat. Entré à Saint-Cyr, il en sort à vingt ans cavalier avec le grade de sous-lieutenant. Il demande l'armée d'Afrique.

Le voici à Tlemcen, sous-lieutenant au 2e régiment de chasseurs. Deux expéditions dans le Sud oranais lui valent la Légion d'honneur pour faits de guerre. A Constantine, où il sert au 3e régiment de chasseurs d'Afrique, il rencontre une jeune femme, Marie-Juliette Louvet, avec laquelle il se lie et qui lui donnera, le 30 septembre 1898, une fille : Charlotte, qu'il reconnaît dès sa naissance.

En 1910, pour la première fois, Albert Ier confie à son fils une mission officielle : on discute fort à Monaco de l'octroi d'une charte constitutionnelle. Louis est chargé de rencontrer et d'entendre les représentants des divers intérêts monégasques. Dès lors, on le voit plus souvent sur le Rocher où la population lui réserve un accueil chaleureux.

Août 1914. L'Europe mobilise. Louis reprend du service. A la

Grace Kelly, couronnée par l'Academy Awards Retro en 1954 pour son rôle dans The country girl, *un film de George Seaton.*

Au cours de l'été 1915, Albert Ier, en déplacement sur le front, rend visite à son fils Louis, (deuxième en partant de la gauche) alors capitaine dans l'armée française. (Archives du Palais princier)

*La princesse
Charlotte
(1898-1977), fille
de Louis II
(1870-1949)
et mère de
Rainier III, peinte
par Philip Laszlo
de Lombos en
1928.*
(Palais princier)

1ʳᵉ armée, puis à l'état-major de la 5ᵉ — qui se bat au Chemin des Dames —, il est plusieurs fois cité. Son palmarès : en 1915, la croix de guerre avec palmes ; en 1916, le grade de chef d'escadron.

Célébré à la Maison-Blanche

Ce tranquille courage n'a pas été sans émouvoir Albert Iᵉʳ. Quant à lui, la guerre a interrompu ses missions, nullement ses travaux. Au lendemain de la Grande Guerre, il est membre de plusieurs académies et docteur honoris causa d'une multitude d'universités. En 1921, le président Harding l'accueille à la Maison-Blanche. L'American Society of Geography lui décerne sa médaille et la National Academy of Sciences la sienne[1].

Quand, le 26 juin 1922, à l'âge de soixante-quatorze ans, il disparaît à Paris, le monde salue celui que le romancier Blasco Ibanez avait si justement appelé le « suprême pontife des sciences océanes ».

La mort du prince Albert rappelle à Monaco celui qui est devenu Louis II.

Avec sa haute taille, son maintien plein de gravité, on dirait toujours, même lorsque Louis II porte un vêtement civil, qu'il est en uniforme : d'ailleurs, il revêt volontiers la tenue de général de brigade, grade que lui a reconnu l'armée française en 1922, puis, en 1939, celle de général de division.

Ce qui l'attend, ce sont les problèmes difficiles de l'entre-deux-guerres et, avant tout, la crise économique qui, venue d'Amérique, s'abat sur l'Europe.

*Le prince Louis II
(1870-1949) en
uniforme de général
de l'armée
française.*
*Peinture de Philip
Laszlo de Lombos,
1928.*
(Palais princier)

Monaco change de cap

Pendant la Grande Guerre, les revenus de la Société des Bains de mer se sont beaucoup amenuisés. Décidément, le temps des grands-ducs est bien achevé et révolue l'époque où le jeu primait à Monaco. En 1933, on a autorisé, dans tous les

casinos de France, la roulette ainsi que le trente et quarante. L'Italie en a fait autant. On joue maintenant à San Remo, à quelques kilomètres de Monaco.

C'est dans une voie nouvelle que Louis II a l'intelligence d'engager Monaco. Il donne la priorité au tourisme et au sport. C'est sous son règne que le Rallye de Monte-Carlo prend son essor, cependant qu'est fondé, en 1929, le Grand Prix de Monaco, course qui, chaque année, se déroule entièrement dans la ville. Sur un parcours total de 318 kilomètres, les vingt coureurs qualifiés doivent changer de vitesse plus de deux mille fois ! On compte ces jours-là à Monte-Carlo plus de cent mille spectateurs.

Le premier Grand Prix de Monaco en 1929.
(Archives de la Société des Bains de mer)

Peu à peu, la principauté retrouve des hôtes illustres : Lloyd George, le roi de Suède Gustave V, le milliardaire américain Pierpont Morgan ou le fameux maharadjah de Kapurthala dont la fabuleuse fortune et la pittoresque tenue arborée par ses serviteurs enchantent les échotiers. Sacha Guitry, que l'on voit souvent en voisin — il possède une villa à Cap-d'Ail —, s'exclame : « A Monaco, chaque étranger peut se vanter d'être chez lui ! » La grande nouveauté, c'est l'intérêt que portent désormais à la principauté les compagnies internationales, attirées par les avantages fiscaux. Dès 1934, s'établissent à Monaco près de deux cents sociétés par actions. Après la guerre, le mouvement s'accentuera considérablement.

La Gestapo et l'Abwehr

En septembre 1939, Louis II revêt encore une fois son uniforme de général de l'armée française. Monaco se croit à l'abri mais la déclaration de guerre de l'Italie à la France, le 10 juin 1940, vient apporter un démenti cruel à cet optimisme. Cependant, la convention d'armistice franco-italienne conserve à Monaco son statut d'État souverain et non belligérant. Les troupes italiennes s'interdisent d'y pénétrer. De ce fait, Monaco va devenir le refuge d'infortunés qui, en France, se savent en grand péril. Parmi eux, de nombreux Juifs.

Tout change après le débarquement allié en Afrique du Nord : Hitler rompt unilatéralement l'armistice et, le 11 novembre 1942, ordonne à ses forces armées d'envahir la zone libre. Le même jour, dans l'après-midi, les troupes de Mussolini occupent Monaco[1]. Quand, le 8 septembre 1943, les Italiens changent de camp et rentrent chez eux, les Allemands les relaient. La Gestapo, l'Abwher et un état-major s'installent dans la principauté. Le dénuement s'accentue. La Gestapo commence à

sévir contre les Juifs. On signale des actions de résistance. Le 15 août 1944, cependant que Français et Américains débarquent en Provence, l'aviation anglo-américaine bombarde La Condamine et Beausoleil. Un certain nombre de Monégasques se réfugient dans le tunnel du Rocher. L'eau, le gaz et l'électricité sont coupés.

Bombardement du quartier de La Condamine en août 1944.
(Archives du Palais princier)

Les Américains arrivent

Le 2 septembre, un tonitruant duel d'artillerie éclate entre les grosses pièces allemandes stationnées autour de Menton et la flotte de débarquement. De nombreux blessés affluent à l'hôpital. Pendant toute la nuit, les canons de marine alliés tirent sur le mont Agel et La Turbie. Le 3, à 7 heures du matin, c'est le silence. Les cloches de Saint-Charles y mettent fin en sonnant la messe. Devant les marches de l'église, un agent de police hurle à la foule accourue : « Les Allemands sont partis ! Les Américains arrivent au pont Wurtemberg ! » Gagnant l'hôpital, le docteur Drouhard aperçoit neuf soldats américains arrivant à pied du quartier des Salines : « Ils sont très chargés, en tenue de combat, et demandent à boire. On les entoure, on les aide. L'émotion est intense. Le rêve est devenu réalité. »

Le 23 septembre, la principauté va accueillir triomphalement une compagnie française du 9e zouaves. La tradition est renouée : dès le 28, le prince héréditaire Rainier combat dans les rangs du 7e régiment de tirailleurs algériens. Il prendra part à la très dure campagne d'Alsace. Le 13 février 1945, le général de Monsabert le décore de la croix de guerre avec l'étoile de bronze : « Engagé volontaire dans

Scène de liesse à la libération de Monaco, le 3 septembre 1944.
(Archives du Palais princier)

l'Armée française, le sous-lieutenant Grimaldi s'est immédiatement attaché aux fonctions d'officier en campagne. A effectué avec ardeur des missions de liaison en zone battue par le feu ennemi. » Deux ans plus tard, il reçoit, à titre militaire, la croix de la Légion d'honneur.

Prince héréditaire à vingt et un ans

Le prince Rainier est né à Monaco le 31 mai 1923. Il est le fils de la princesse Charlotte dont l'adoption par Louis II, le 16 mars 1919, a confirmé le statut au sein de la famille princière. Albert Iᵉʳ et le protecteur français l'ont approuvée. Le 19 mars 1920, Charlotte, vingt-deux ans, a épousé le comte Pierre de Polignac, vingt-cinq ans. Neuf mois après le mariage est née leur fille Antoinette et, trois ans plus tard, leur fils Rainier.

Après des études en Angleterre — au cours desquelles le jeune prince devient champion de boxe de sa catégorie — ses parents l'inscrivent, en septembre 1939, au collège du Rosey (Suisse) où il achève ses études secondaires. Suivent l'université de Montpellier et les

Sciences politiques à Paris. Il va fêter ses vingt et un ans lorsque la princesse Charlotte annonce qu'elle renonce en sa faveur à ses droits à la succession au trône. Le 2 juin 1944, Louis II promulgue une ordonnance qui fait de Rainier l'héritier de la couronne. Il s'éteindra cinq ans plus tard, le 9 mai 1949, ayant conscience d'avoir préparé l'avenir.

Rainier III ne l'a pas caché : certes, il entend poursuivre l'œuvre de ses prédécesseurs, mais il se veut un prince résolument moderne. C'est donc sans surprise que ses sujets le verront ouvrir et conduire un constant dialogue avec les représentants de la population, et s'intéresser en même temps aux travaux de la commission médico-juridique de Monaco comme aux assemblées de l'Organisation mondiale de la santé. Dans le même style, il assure l'extension de Radio Monte-Carlo, crée Télé Monte-Carlo et institue le Festival international de télévision. Il fonde une Académie internationale de tourisme, le Grand Prix littéraire de Monaco décerné par un conseil que préside son père, le prince Pierre de Monaco, le Prix de composition musicale, le Grand Prix d'art contemporain et le Grand Prix d'océanographie Albert I[er 1].

Il n'en manifeste pas moins les goûts de son âge : il apprécie le jazz, joue lui-même de la trompette, aime le tennis et le golf. Comme son grand-père, il se passionne pour l'océanographie et la protection de la nature. Cependant, quand les Monégasques apprendront qu'il s'est inscrit incognito à une course automobile, ils s'inquiéteront : Rainier, encore célibataire, est sans héritier. Et s'il était victime d'un accident ?

Ci dessus, à gauche :
***Avènement de S.A.S.
le prince Rainier III
le 9 mai 1949 :*** *le
prince souriant reçoit
les Monégasques
dans les jardins du
Palais princier,
le 11 avril 1950.*

à droite : ***Le Conseil
littéraire de la
Principauté, vers
1952-1953.***
*De gauche à droite :
assis : André Maurois,
S.A.S. le Prince Pierre
de Monaco, Colette,
Roland Dorgelès,
Gérard Bauer ;
debout : Léonce
Peillard, Henri Troyat,
Paul Géraldy, Jacques
Chenevière et Maurice
Goudeket, époux de
Colette.*

Une Américaine au Festival

En mai 1955, le Festival du film se tient à Cannes pour la neuvième fois. Reconnu comme la manifestation cinématographique la plus importante du monde, on y traite les affaires par millions de dollars. Les starlettes y accourent, rêvant d'y devenir célèbres en huit jours. Brigitte Bardot ou Sophia Loren n'ont jamais oublié ce qu'elles devaient au Festival de Cannes.

En 1955, la proie favorite des photographes se nomme Grace Kelly. Cette blonde vedette de vingt-six ans affiche la beauté calme des Irlandaises. Ce qui frappe dans son fin visage, ce sont d'admirables yeux bleus pleins de rêve. Hitchcock, dont elle est l'actrice favorite, répète qu'elle incarne son idéal féminin. Prédestination ? Le maître du suspense a déjà tourné sur la Côte d'Azur un film — *La Main au collet* — dont l'interprète principale était Grace Kelly. Cette année même, au faîte de sa gloire, elle s'est vu décerner un Oscar.

Un jour, lasse des réceptions, des conférences de presse et de l'agression des photographes, Grace décide de se muer en simple touriste. La petite histoire a même conservé le souvenir de la tenue qu'elle porte ce jour-là : une robe imprimée à fond noir ornée de fleurs vertes et rouges. Comme à l'accoutumée, elle a ramassé ses cheveux en un chignon, mais les a surmontés de quelques fleurs blanches. Sa voiture la conduit à Monaco. Itinéraire classique : visite du Musée océanographique suivie de celle du palais princier. Prenons-y garde, nous entrons dans la légende.

Pouvons-nous croire que le prince Rainier ait rencontré Grace Kelly par hasard au détour d'un couloir ? Faut-il plutôt prêter l'oreille aux dires des gens

Première rencontre de Rainier III et Grace Kelly en mai 1955, à l'occasion de la venue de la célèbre actrice au Festival de Cannes.

informés qui affirment que le père Tucker, depuis peu chapelain du prince Rainier et originaire de Philadelphie, connaissait intimement la famille Kelly ?

Le certain, c'est que Grace a gravi seule l'escalier d'honneur du palais et qu'elle l'a redescendu accompagnée du prince. Ils ont visité ensemble les jardins et entrepris le tour des remparts. On nous dit que «tous deux soudain étaient graves et un peu pensifs ».

A Noël 1955, Rainier est invité à réveillonner chez les Kelly, à Philadelphie. Mr. Kelly a débuté très modestement dans la vie mais, depuis, il est devenu l'un des plus importants entrepreneurs de travaux publics des États-Unis. De plus, il est catholique, ce qui, en l'occurrence, est loin d'être un défaut. Quand Rainier a débarqué à New York, les journalistes — meute insatiable — se sont jetés sur lui, stylos et micros levés.

— Quand allez-vous vous marier ?

— Quand j'aurai trouvé la femme de mes rêves.

— Comment la voyez-vous dans vos rêves ?

— Je le vois blonde avec des cheveux dénoués flottant au vent et des yeux clairs pailletés d'or...

Le mariage sera annoncé à Philadelphie au cours d'un grand déjeuner donné au Country Club. Grace rayonne de joie. Elle annonce à la presse qu'elle terminera le film qu'elle a commencé de tourner : *High Society*.

— J'irai vivre ensuite à Monaco. J'espère être à la hauteur de ma tâche.

— Combien voulez-vous d'enfants ?

— Beaucoup, j'espère.

En offrande à sainte Dévote, son bouquet de mariée

Le 18 avril 1956 à 11 heures, au palais princier de Monaco, est célébré le mariage civil de Rainier et de Grace. Elle et lui échangent le *oui* qui, devant la loi, les fait mari et femme. Le lendemain, à 10 h 30, en corsage de dentelle et robe de faille blanche élargie progressivement vers le bas, ses cheveux blonds couronnés d'un tulle léger qui glisse loin derrière elle, Grace pénètre, au bras de Mr. John B. Kelly son père, dans la cathédrale où le père Carton, curé de sa paroisse à Philadelphie, l'accompagne jusqu'à son prie-Dieu.

A 10 h 35, les troupes rendent les honneurs à Son Altesse Sérénissime le prince Rainier III, en grand uniforme de colonel des carabiniers, qui vient prendre place devant le maître-autel, à droite de sa fiancée.

Mgr Gilles Barthe, évêque de Monaco, va poser les questions rituelles, auxquelles Rainier et Grace répondront, lui d'une voix forte, elle non sans laisser paraître son émotion.

La messe une fois célébrée et après le chant du *Domine salvum fac*, Mgr Marella, nonce auprès de la République française, donnera connaissance de la bénédiction apostolique adressée aux nouveaux mariés par Sa Sainteté le pape Pie XII.

*Mariage L.L. A.A.
S.S. le prince
Rainier III et, la
princesse Grace de
Monaco,
le 19 avril 1956.*

Sur le parvis de la cathédrale et dans la voiture découverte qui amène les nouveaux époux jusqu'à l'église Sainte-Dévote, des dizaines de milliers d'hommes et de femmes, venus souvent de fort loin, les acclament frénétiquement. Grace dépose, en offrande à sainte Dévote, patronne de Monaco, son bouquet de mariée sur l'autel. Le cortège gagne alors le palais où, dès que le prince et la princesse apparaissent, une immense ovation s'élève. Un lunch réunit dans la cour d'honneur près de sept cents invités.

Dans le courant de l'après-midi, Rainier et Grace s'embarquent sur le *Deo Juvante I* et, du pont supérieur, saluent la foule qui les acclame encore en agitant des petits drapeaux aux couleurs monégasques. Toutes les sirènes retentissent et le yacht princier, escorté par des dizaines d'embarcations, franchit la passe. Alors, deux fusées lancées très haut viennent déployer, au-dessus de la principauté, les couleurs américaines et monégasques.

La principauté de Monaco à l'aube du XXIᵉ siècle.

A l'assaut du ciel et de la mer

Qui, témoin de cet événement, n'aurait voulu y découvrir une promesse de bonheur ? Elle a été tenue. L'élan nouveau que le couple va donner à Monaco fera connaître à la principauté un essor irrésistible. On a pu légitimement parler des « trente glorieuses monégasques ».

Pour faire face à la demande toujours accrue des étrangers et des sociétés internationales désireuses de s'installer dans la principauté, ce qui manque c'est la place. Une aventure sans précédent commence : le plus petit pays du monde monte à l'assaut du ciel. Les tours et les buildings se substituent aux demeures de la Belle Époque dont les rondes-bosses et les pâtisseries conservaient tant de charme désuet. On va plus loin encore : on conquiert trente-cinq hectares sur la mer, un cinquième de la superficie de la principauté. Grâce à la mise en souterrain de la voie ferrée, une liaison routière rapide est instaurée et prolongée par une rénovation complète du réseau routier interne. Rainier III confirme la vocation scientifique de Monaco en installant un Laboratoire de radioactivité marine qui entreprend une ardente croisade contre la pollution en milieu marin. Les Monégasques sont dotés d'une nouvelle Constitution.

Certes, cette voie royale croise parfois des obstacles. Le plus mémorable demeurera la crise qui, de 1962 à 1963, a éclaté entre la France du général de Gaulle et la principauté. A Paris, on n'a pas vu sans acrimonie des entreprises ou des personnalités françaises rechercher à Monaco des privilèges fiscaux qui leur permettaient d'échapper aux règles et lois de la République. La tension est devenue si forte que — durant quelques heures seulement ! — la frontière s'est fermée entre la France et la principauté. Les deux parties ont tenu bon — seize mois de négociations — et si des avantages chers aux résidents français ont volé en éclats, une convention a finalement été signée, le 18 mai 1963, qui a eu pour effet de faire confirmer par la France le caractère souverain de Monaco.

Le rayonnement international de la principauté trouvera son apogée, le 28 mai 1993, quand elle sera admise, en tant qu'État membre, au sein de l'Organisation des Nations unies.

Pourquoi a-t-il fallu, le 14 septembre 1982, que la princesse Grace, revenant en automobile du mont Agel, ait été victime d'un accident où elle a perdu la vie ? J'ai personnellement assisté à ses obsèques. Je puis témoigner que, jamais peut-être, en une occasion rassemblant nécessairement les grands de ce monde, des ministres, des ambassadeurs, des officiels de toutes sortes, je n'ai vu sourdre une émotion aussi authentique.

Éprouvé plus que quiconque, Rainier III a tenu à ce que rien ne soit changé de la vie de la principauté. La fondation qui porte le nom de la Princesse Grace a été placée sous la présidence de sa fille Caroline, tandis que la présidence de la Croix-Rouge, exercée aussi par Grace, a été dévolue au prince héréditaire Albert. La princesse Stéphanie, elle, a reçu la responsabilité du Centre de jeunesse et du Centre d'activités chargé des enfants handicapés.

En montant la rampe Major

Les innombrables visiteurs accourus chaque année des cinq continents se font souvent expliquer la devise des Grimaldi : *Deo juvante* — « Avec l'aide de Dieu » —, et s'émeuvent lorsqu'ils apprennent qu'elle consacre une osmose de sept siècles entre une dynastie et un peuple.

S'ils lisent ce petit livre avant que de découvrir la principauté, l'auteur se permet de leur conseiller de se faire conduire, dès leur arrivée, à La Condamine et plus précisément sur la place d'Armes.

La Rampe Major, unique voie d'accès au Rocher jusqu'au XIXᵉ siècle. Elle s'élève jusqu'à la porte construite par Honoré Iᵉʳ en 1533.

Ils trouveront là deux accès au Rocher : la route ouverte aux automobiles et, à droite de celle-ci, un escalier — en pente douce, qu'ils se rassurent ! — que l'on appelle la *rampe Major*.

Elle baigne la mémoire de tous les enfants de Monaco, cette rampe. Garçons et filles l'ont empruntée pour se rendre au lycée. L'un d'eux s'est souvenu :

En montant la rampe Major
Le Rocher semblait couvert d'or[1]...

Suivez leur exemple. De palier en palier, élevez-vous jusqu'au palais princier. Franchissez les trois portes dont chacune rappelle le souvenir du prince qui l'a fait édifier. Déchiffrez les inscriptions qui font revivre les étapes d'une si longue histoire.

Surtout, sachez qu'à cet endroit, sept siècles avant vous, sinuait un sentier raide et caillouteux, seul moyen d'accéder au plus haut du Rocher. Marquez un temps d'arrêt devant la porte édifiée par Honoré Iᵉʳ en 1533.

C'est non loin de là que l'on peut imaginer cette poterne, aujourd'hui disparue, à laquelle est venu frapper, dans la nuit du 8 au 9 janvier 1297, un Grimaldi revêtu de la bure d'un moine...

Double page suivante :
Vue actuelle du Rocher.

GÉNÉALOGIE SIMPLIFIÉE DE LA FAMILLE GRIMALDI

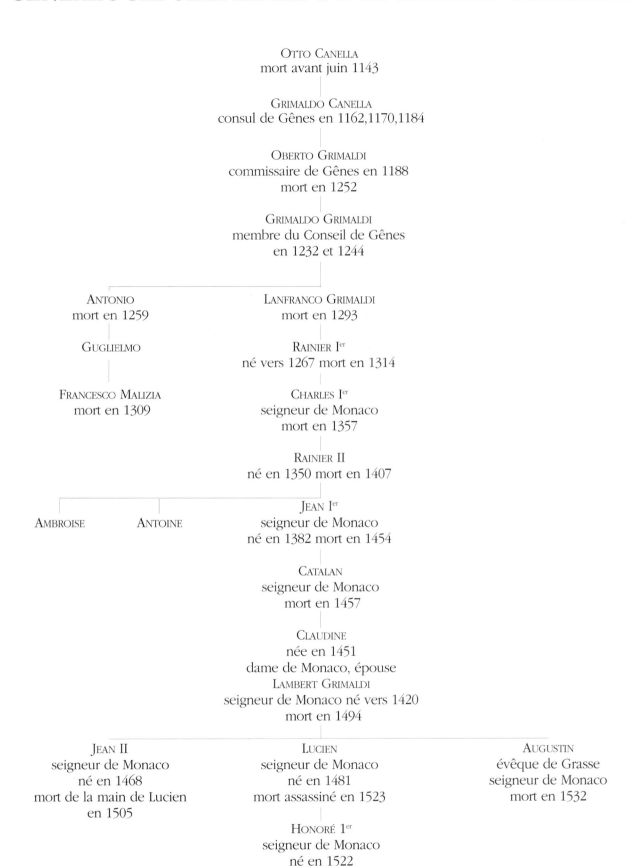

OTTO CANELLA
mort avant juin 1143

GRIMALDO CANELLA
consul de Gênes en 1162,1170,1184

OBERTO GRIMALDI
commissaire de Gênes en 1188
mort en 1252

GRIMALDO GRIMALDI
membre du Conseil de Gênes
en 1232 et 1244

ANTONIO
mort en 1259

LANFRANCO GRIMALDI
mort en 1293

GUGLIELMO

RAINIER Ier
né vers 1267 mort en 1314

FRANCESCO MALIZIA
mort en 1309

CHARLES Ier
seigneur de Monaco
mort en 1357

RAINIER II
né en 1350 mort en 1407

AMBROISE   ANTOINE

JEAN Ier
seigneur de Monaco
né en 1382 mort en 1454

CATALAN
seigneur de Monaco
mort en 1457

CLAUDINE
née en 1451
dame de Monaco, épouse
LAMBERT GRIMALDI
seigneur de Monaco né vers 1420
mort en 1494

JEAN II
seigneur de Monaco
né en 1468
mort de la main de Lucien
en 1505

LUCIEN
seigneur de Monaco
né en 1481
mort assassiné en 1523

AUGUSTIN
évêque de Grasse
seigneur de Monaco
mort en 1532

HONORÉ 1er
seigneur de Monaco
né en 1522
mort en 1581

CHARLES II
seigneur de Monaco
né en 1555
mort en 1589

HERCULE 1er
né en 1562
mort assassiné en 1604

HONORÉ II
prince de Monaco en 1612
né en 1597
mort en 1662

HERCULE
marquis de Campagna puis des Baux
né en 1623
mort en 1651

LOUIS Ier
1642-1701

ANTOINE Ier
1661-1731

LOUISE-HIPPOLYTE
1697-1731
épouse en 1715 JACQUES DE GOYON DE MATIGNON
prince de Monaco 1689-1751

HONORÉ III
1720-1795

HONORÉ IV
1758-1819

HONORÉ V
1778-1841

FLORESTAN Ier
1785-1856

CHARLES III
1818-1889

ALBERT Ier
1848-1922

LOUIS II
1870-1949

CHARLOTTE
1898-1977

RAINIER III
né en 1923

CAROLINE
née en 1957

ALBERT
né en 1958

STÉPHANIE
née en 1965

NOTES

Les notes liées à la compréhension du texte sont appelées par un astérisque dans la page. Les notes numérotées, liées le plus souvent à des références bibliographiques se retrouvent ci-dessous.

page 21 :
1. Raymond Damien.

page 22 :
1. Voir sur ce sujet l'étude de Jean-Baptiste Robert dans *Annales monégasques*, n° 3 (1979).
2. Gustave Saige.
3. Jean-Baptiste Robert.

page 24 :
1. Sur Lambert et son épouse Claudine, on lira l'étude de Louis Baudoin dans les *Annales monégasques*, n° 10 (1986).

page 25 :
1. Louis, le deuxième fils de Lambert et de Claudine, était fou et, de ce fait, exclu de la succession.

page 29 :
1. *Annales monégasques*, n° 1, 1977: «La garnison de 1215 à 1605», par Stéphane Vilarem. Voir aussi *Annales monégasques* n°5 (1981) : «L'armement de la forteresse de Monaco», par Claude Passet.

page 37 :
1. Gustave Saige.

page 38 :
1. *Annales monégasques*, n° 2 (1978). Étude de Georges Grinda : «Augustin Grimaldi, témoin et acteur de l'histoire méditerranéenne à l'époque de Charles Quint».

page 42 :
1. Voir l'étude de Jean-Baptiste Robert : «La seigneurie de Monaco vue par les Espagnols au temps de Charles Quint», *Annales monégasques*, n° 11 (1987).

page 47 :
1. Louis Canis: *Notre passé* (Comité national des traditions monégasques).
2. Franck Biancheri: «Un tragique épisode de l'histoire de Monaco au début du XVIIᵉ siècle», *Annales monégasques*, n°7 (1983).

page 50 :
1. D'après Freu, Novella et Robert.

page 61 :
1. Sur le mariage et les rapports de Louis et de Charlotte, il faut lire l'étude de Jean-Baptiste Robert, modèle de recherche et d'érudition: «Sur les pas d'une princesse de Monaco : Charlotte-Catherine de Gramont», *Annales monégasques*, n° 11 (1987).

page 69 :
1. Autrement dit : réserver des appartements.

page 78 :
1. Voir Claude Passet : «Les fortifications de Monaco», *Annales monégasques*, n° 3 (1979).

page 79 :
1. Le portrait de Jacques Iᵉʳ par Largillière se trouve au palais princier. Voir l'étude exhaustive de Franck Biancheri: «Louise-Hippolyte Grimaldi, princesse souveraine de Monaco», *Annales monégasques*, n° 3 (1979).

page 99 :
1. Ce dialogue figure dans l'*Histoire du Consulat et de l'Empire* d'Adolphe Thiers et se retrouve chez Henri Métivier, historien de Monaco, dans son livre publié en 1865.

page 118 :
1. Voir sur ce thème particulièrement attachant l'étude de Paule Druilhe : «Les grandes créations de l'Opéra de Monte-Carlo», *Annales monégasques*, n° 9 (1985).

page 120 :
1. Charles III est mort le 10 septembre 1889, après trente-trois ans de règne.

page 124 :
1. Jean-Joël Brégeon.

page 126 :
1. Voir l'étude de Jean Drouhard : «1938-1945, Monaco et la grande tourmente», *Annales monégasques*, n° 7 (1983).

page 129 :
1. L'originalité du Conseil littéraire de Monaco tient à sa composition: y siègent des membres de l'Académie française, des membres de l'Académie Goncourt et des représentants des littératures francophones. En 1996, le Conseil réunit, sous la présidence de la princesse Caroline: Mme Hélène Carrère d'Encausse, MM. Alain Decaux, Jacques Laurent, Alain Peyrefitte, Bertrand Poirot-Delpech, Maurice Rheims, Maurice Schumann, de l'Académie française; Mme Edmonde Charles-Roux, MM. François Nourissier, Robert Sabatier, Michel Tournier, de l'Académie Goncourt; Mme Antonine Maillet, MM. Jacques Chessex, Georges Sion, Tahar Ben Jelloun, représentant respectivement les lettres canadiennes, suisses, belges, marocaines, d'expression française.

page 135 :
1. Poème d'Emile Novella.

SOURCES

Depuis 1977, a été entreprise une publication systématique et régulière de travaux trouvant principalement leur origine dans les Archives du Palais princier de Monaco. « Notre devoir, écrivait M. Franck Biancheri, conservateur de celles-ci, était de donner à tous les chercheurs nationaux et étrangers qui, avec le plus complet désintéressement, se sont penchés sur notre Histoire, la possibilité de faire connaître le fruit de leurs studieux et patients travaux. » A ce jour, vingt volumes ont paru sous le titre : *Annales monégasques*. Après Franck Biancheri, la rédaction en chef en a été confiée à M. Régis Lécuyer, actuel conservateur des Archives du Palais princier.

L'historien ne peut que saluer la réussite d'une tâche aussi considérable. On a trop souvent écrit l'histoire de Monaco en faisant appel à des sources superficielles, inexactes, voire sans fondement aucun. Il ne peut plus en être de même aujourd'hui.

Le premier ouvrage consacré à Monaco est celui d'Henri Métivier (1865). Il a eu le mérite de déchiffrer le sujet. C'est une œuvre d'historien qu'a donnée après lui Gustave Saige, chartiste, conservateur des Archives du Palais princier, avec *Monaco, ses origines et son histoire* (1897). Son successeur, Léon-Honoré Labande, membre de l'Institut, en usant d'une documentation en grande partie renouvelée, a offert à ses lecteurs un travail remarquable : *Histoire de la principauté de Monaco* (1934).

L'ouvrage de Françoise de Bernardy : *Histoire des princes de Monaco* (1960) est une chronique parfaitement informée et pleine de charme. Louis Canis a réuni dans *Notre Passé* (1963) de précieuses traditions. La biographie exhaustive de Raymond Damien : *Albert Ier, prince souverain de Monaco* (1964) comporte une longue introduction qui est, en elle-même, une histoire de Monaco. Dans la collection « Que sais-je ? », *l'Histoire de Monaco* de Jean-Baptiste Robert (1973) se présente comme un survol, mené avec une rare intelligence, de l'évolution politique et sociale de la principauté. Jean-Joël Brégeon a eu le mérite, pour *Les Grimaldi de Monaco* (1991), en puisant à des sources négligées, de sortir des sentiers battus et, pour l'agrément du lecteur, de multiplier les aperçus originaux.

On n'aura garde de négliger les si utiles et poétiques chroniques de René Novella : *Du Rocher aux sept collines* et *Le Rocher d'alors*. Et pas davantage les deux tomes de l'*Histoire de Monaco* destinée aux élèves des premier et second cycles des établissements scolaires monégasques. On les doit à J. Freu, R. Novella et J.-B. Robert (1986).

CRÉDITS PHOTOGRAPHIQUES

6 Archives du Palais Princier (A.P.P.).- G. Luci et J.-M. Moll. **7** Coll. et photo A.P.P. **8** Photo A.P.P.-G. Luci et J.-M. Moll. **9** Coll. et photo A.P.P.- Detaillle. **12** Roger-Viollet. **13 gauche** Roger-Viollet. **13 droite** Dagli Orti. **14** Dagli Orti. **15** Photo A.P.P.- G. Luci. **16** Tallandier. **17** Photo A.P.P.

18 Coll. et photo A.P.P. **19** Coll. et photo A.P.P. **20** Roger-Viollet. **21** Dagli Orti. **22 haut** Photo A.P.P. **22 bas** Jérôme da Cunha, Sélection Images. **23** Coll. et photo A.P.P.- G. Luci et J.-M. Moll. **24 haut et milieu** Coll. et photos A.P.P.- G. Luci et J.-M. Moll. **24 bas** Dagli Orti. **25** Photo A.P.P. **26-27** Dagli Orti. **28** Coll. Palais Princier - Photo A.P.P.- Detaille. **29** Dagli Orti. **30** Jérôme da Cunha, Sélection Images. **31** Photo A.P.P.

32 Photo A.P.P. - G. Luci et J.-M. Moll. **35** Photo Hubert Josse. **36 haut** Giraudon. **36 bas** Lauros-Giraudon. **38** Coll. et photo Musée du Palais Princier - G. Luci et J.-M. Moll. **39** Coll. et photos A.P.P. - G. Luci et J.-M. Moll. **40 haut** Photo A.P.P. **40 bas** Bulloz. **41** Photo A.P.P. **42** Coll. et photo A.P.P. **43** Sygma M. Setboun.

44 Coll. et photo Palais Princier - G. Luci. **45** Coll. et photo Palais Princier - G. Luci. **46 haut** Coll. et photo Musée du Palais Princier - J.-M. Moll. **46 bas** Coll. et photo A.P.P.- Detaille. **47** Explorer Kord. **48** Photos A.P.P.- G. Luci et J.-M. Moll. **49 haut** Photo A.P.P. - Detaille. **49 bas** Photo A.P.P. **50** Photo A.P.P. - G. Luci et J.-M. Moll. **51 haut** Jérôme da Cunha, Sélection Images. **51 bas** Photo A.P.P. **52** Photo A.P.P. - G. Luci et J.-M. Moll. **53** Coll. et photo Palais Princier - G. Luci. **54** Dagli Orti.

56 Coll. et photo Palais Princier - G. Luci. **57** Photo archives du Palais Princier de Monaco - G. Luci. **58** Photo archives du Palais Princier de Monaco - G. Luci. **59** Dagli Orti. **60** Dagli Orti. **62** Photo Hubert Josse. **63** P. Vauthey - Sygma. **64** Coll. et photo A.P.P. - G. Luci et J.-M. Moll. **65** Photo A.P.P. et J.-M. Moll. **66 gauche** Coll. et photo Palais Princier - G. Luci. **66 droite** Coll. et photo Palais Princier - G. Luci. **66 bas** Coll. Caumont La Force. Photo Bulloz. **67** Jérôme da Cunha, Sélection Images. **68 haut** Photo Hubert Josse. **68 bas** Photo A.P.P.

70 Photo Archives du Palais Princier de Monaco - G. Luci. **71 haut** Photo A.P.P. - Detaille. **71 bas** Jérôme da Cunha, Sélection Images. **72** Dagli Orti. **73** Coll. et photo Palais Princier - G Luci. **74 haut** Coll. et photo A.P.P. - G. Luci et J.-M. Moll. **74 bas** J.-L. Charmet. **75** Tallandier. **76-77** Photo A.P.P. -G. Luci et J.-M. Moll. **78** Archives du Palais Princier de Monaco, photo G. Luci. **79** Photo A.P.P. - G. Luci et J.-M. Moll. **80** Coll. et photo Palais Princier - G. Luci. **81** Coll. et photo Palais Princier - G. Luci. **82** Coll. et photo A.P.P. - Detaille. **83** Coll. et Photo A.P.P - G. Luci.

84 Coll. et photo Palais Princier - G.Luci. **85 haut et bas** Coll. et photo Palais Princier - G. Luci. **86** Coll. et photo Palais Princier - G. Luci et J.-M. Moll. **87** Coll. et photo Palais Princier - G. Luci. **88** Lauros-Giraudon. **89** James Andanson - Sygma. **90** Dagli Orti. **92 haut** Coll. et photo Palais Princier - G. Luci. **92 bas** Coll, photo A.P.P. - J.-M. Moll. **93** Lauros-Giraudon. **94** Coll. et photo Musée du Palais Princier - Detaille. **95 haut** Tallandier. **95 bas** Lorette-Giraudon. **96** Jérôme da Cunha, Sélection Images. **97** Coll. et photo Palais Princier. **98 haut** Jérôme da Cunha, Sélection Images. **98 bas** Coll. et photo A.P.P. - J.-M. Moll. **99** Coll. et photo Palais Princier - J.-M. Moll.

100 Explorer Russel Kord. **101** Coll. et photo Palais Princier - G. Luci. **102** Coll. et photo Palais Princier - G. Luci. **103** Artephot/Fiore. **104** Giraudon, Marseille, musée des Beaux-Arts. **105** Coll. du Musée des Traditions Monégasques. Photo Archives du Palais Princier. **106-107** explorer/AlainPhilippon. **108** Coll. et photo Palais Princier - G. Luci. **109** Coll. Musée des Traditions Monégasques, photo A.P.P. - G.Luci et J.-M. Moll. **110** Coll. et photo A.P.P. **111** Bridgeman-Giraudon.

112 Coll. et photo A.P.P. **113 haut** A.P.P.- Photo E. Julia. **113 bas** Coll. et photo A.P.P. **114** Coll. et photo Palais Princier - G. Luci. **115** Coll. et photo Palais Princier - G. Luci. **116-117** Gamma/Patrick Aventurier. **118** Photo A.P.P. **119 haut et bas** photo A.P.P. **120** Sygma/M. Setboun. **121 haut** photo A.P.P. **121 bas** Sygma/M.Setboun.

122 Sygma. **123** Photo A.P.P. **124 et 125** Coll.et photos Palais Princier - G. Luci. **126** Archives de la Société des Bains de mer. **127 haut et bas** Photos A.P.P.- Detaille. **128 haut et bas** photos A.P.P. - Detaille. **129 gauche** photo A.P.P.- Picedi. **129 droite** photo A.P.P. - Detaille. **130-131** Paris Match/Simon. **132** Paris Match/Carone. **133** Sygma. **134** Sygma/ M. Setboun. **135** Photo A.P.P.- G.Luci et J.-M. Moll. **136-137** Dagli Orti.

TABLE DES MATIÈRES

Responsabilité éditoriale :
Anne Leclerc
assistée de :
Janine Mahuzier,
Marie-Martine Sartiaux et
Marguerite de Marcillac

Recherches iconographiques :
Jérôme da Cunha
Viviane Berger

Conception graphique :
Pascale Ogée

Mises en pages et PAO :
Chantal Morillon et Pascale Ogée

N° d'édition : 1239
Achevé d'imprimer
sur les presses de l'imprimerie Pizzi
en septembre 1996